La IA y la Pedagogía Teológica

La IA y la Pedagogía Teológica

Un Enfoque Basado en la Taxonomía de Bloom para Seminarios de Posgrado

bajo la supervisión de
Heather Shellabarger

Elementos esenciales de la teología

DTL

©Digital Theological Library 2025
©Biblioteca Teológica Digital 2025

Library of Congress Cataloging-in-Publication Data
Datos de catalogación en publicación de la Biblioteca
del Congreso

Heather Shellabarger (creador).
[AI and Theological Pedagogy/ Heather Shellabarger]
La IA y la Pedagogía Teológica: Un Enfoque Basado en la Taxonomía de
Bloom para Seminarios de Posgrado / Heather Shellabarger

154 + xi pp. cm. 12.7 x 20.32
ISBN 979-8-89731-998-5 (Libro de bolsillo)
ISBN 979-8-89731-173-6 (E-libro)
ISBN 979-8-89731-180-4 (Kindle)

    1. Seminarios teológicos — Estudio y enseñanza (Posgrado)
    2. Teología — Estudio y enseñanza (Posgrado)
    3. Inteligencia artificial — Aplicaciones educativas

BV 4012 .S54 .x16 2025

Este libro está disponible en otros idiomas en
www.DTLPress.com

Imagen de portada: "El aula del seminario del futuro" Imagen producida
por la autora utilizando IA

Contenido

Prefacio de la Serie

La inteligencia artificial (IA) está cambiando todo, incluida la educación y la investigación teológica. Esta serie, *Elementos esenciales de la teología (Theological Essentials)*, está diseñada para aprovechar el potencial creativo de la IA en el ámbito de la educación teológica. En el modelo tradicional, un académico con dominio del discurso teológico y una trayectoria docente exitosa pasaría varios meses — o incluso años — escribiendo, revisando y reescribiendo un texto introductorio. Luego, este texto sería transferido a una editorial que invertiría meses o años en los procesos de producción. Aunque el producto final era predecible, este proceso lento y costoso elevaba el precio de los libros de texto. Como resultado, los estudiantes de países desarrollados pagaron más de lo debido por los libros, y los estudiantes de países en desarrollo generalmente no tuvieron acceso a estos libros de texto (de costo prohibitivo) hasta que aparecieron como descartes y donaciones décadas después. En generaciones anteriores, la necesidad de garantizar la calidad —en forma de generación de contenido, revisión experta, edición y tiempo de impresión— pudo haber hecho inevitable este enfoque lento, costoso y excluyente. Sin embargo, la IA lo está cambiando todo.

Esta serie es diferente; está creada por IA. La portada de cada volumen identifica la obra como "creada bajo la supervisión de" un experto en el campo. Sin embargo, esa persona no es un autor en el sentido tradicional. El creador de cada volumen ha sido capacitado por el personal de la Digital Theological Library (DTL) en el uso de IA y ha empleado la IA para generar, editar, revisar y recrear el texto que se presenta. Con este proceso de creación claramente identificado, presentamos los objetivos de esta serie.

Nuestros Objetivos

Credibilidad: Aunque la IA ha logrado—y sigue logrando—avances significativos en los últimos años, ninguna IA sin supervisión puede crear un texto verdaderamente confiable o plenamente acreditado a nivel universitario o de seminario. Las limitaciones del contenido generado por IA a veces surgen de deficiencias en los datos de entrenamiento, pero más a menudo la insatisfacción de los usuarios con el contenido generado por IA proviene de errores humanos en la formulación de indicaciones (prompt engineering). DTL Press ha trabajado para superar ambos problemas contratando académicos con experiencia reconocida para supervisar la creación de los libros en sus respectivas áreas de especialización y capacitándolos en el uso de IA para la generación de contenido. Para mayor claridad, el académico cuyo nombre aparece en la portada ha creado el volumen, generando, leyendo, regenerando, releyendo y revisando el trabajo. Aunque el contenido ha sido generado en diversos grados por IA, la presencia de los nombres de nuestros académicos en la portada garantiza que el contenido es tan confiable como cualquier otro texto introductorio elaborado mediante el modelo tradicional.

Estabilidad: La IA es generativa, lo que significa que la respuesta a cada indicación se genera de forma única para esa solicitud específica. No hay dos respuestas generadas por IA exactamente iguales. La inevitable variabilidad de las respuestas de la IA representa un importante desafío pedagógico para profesores y estudiantes que desean iniciar sus debates y análisis basándose en un conjunto compartido de ideas. Las instituciones educativas necesitan textos estables para evitar el caos pedagógico. Estos libros proporcionan ese texto estable a partir del cual enseñar, debatir y fomentar ideas.

Accesibilidad económica: DTL Press está comprometida con la idea de que el costo no debe ser una barrera para el conocimiento. *Todas las personas tienen el mismo derecho a aprender y comprender.* Por ello, todas las versiones electrónicas de los libros publicados por DTL Press están disponibles de forma gratuita en las bibliotecas de la DTL, y las versiones impresas se pueden obtener por un precio nominal. Expresamos nuestro agradecimiento a los académicos que contribuyen con su labor y han optado por renunciar a los esquemas tradicionales de regalías. (Nuestros creadores reciben compensación por su trabajo generativo, pero no perciben regalías en el sentido tradicional).

Disponibilidad global: DTL Press desea ofrecer libros de texto introductorios de alta calidad y bajo costo a todos, en todo el mundo. Los libros de esta serie están disponibles de inmediato en varios idiomas. DTL Press creará traducciones a otros idiomas si se solicita. Las traducciones son, por supuesto, generadas por IA.

Nuestras Limitaciones Reconocidas

Algunos lectores probablemente pensarán: "pero la IA solo puede producir investigación derivativa; no puede crear estudios innovadores y originales." Esta crítica es, en gran medida, válida. La IA se limita principalmente a agrupar, organizar y reformular ideas preexistentes, aunque en ocasiones de formas que pueden acelerar y refinar la producción de nuevas investigaciones. Aun reconociendo esta limitación inherente, DTL Press ofrece dos comentarios: (1) Los textos introductorios rara vez buscan ser innovadores en su originalidad y (2) DTL Press cuenta con otras series dedicadas a la publicación de investigación original con autoría tradicional.

Nuestra Invitación

DTL Press busca transformar el mundo de la publicación académica en el ámbito teológico de dos maneras. En primer lugar, queremos generar textos introductorios en todas las áreas del discurso teológico, de modo que nadie se vea obligado a "comprar un libro de texto" en ningún idioma. Nos imaginamos un futuro en el que los profesores puedan utilizar uno, dos o incluso una serie completa de estos libros como textos introductorios en sus cursos. En segundo lugar, buscamos publicar monografías académicas con autoría tradicional para su distribución gratuita en acceso abierto, dirigidas a una audiencia académica avanzada. Finalmente, DTL Press es una editorial no confesional, por lo que publicará obras en cualquier área de los estudios religiosos. Los libros de autoría tradicional son sometidos a revisión por pares, mientras que la creación de libros introductorios generados por IA está abierta a cualquier experto con la preparación adecuada para supervisar la generación de contenido en su respectiva área de especialización.

Si compartes el compromiso de DTL Press con la credibilidad, accesibilidad económica y disponibilidad global, te invitamos a participar en esta iniciativa y contribuir a cambiar el mundo de la publicación teológica, ya sea a través de esta serie o mediante libros de autoría tradicional.

Con grandes expectativas,
Thomas E. Phillips
Director Ejecutivo de DTL Press
www.thedtl.org

Introducción
La enseñanza en la encrucijada de la teología y la tecnología

La educación teológica siempre se ha visto moldeada por las herramientas y los contextos de su tiempo. Desde las tradiciones orales de la Iglesia primitiva hasta los scriptoria de los monasterios medievales, desde la imprenta que impulsó la Reforma hasta el auge de la educación en línea en el siglo XXI, cada época se ha enfrentado a la pregunta: ¿Cómo formamos fielmente ministros, académicos y líderes para la Iglesia en medio del cambio cultural y tecnológico?

Actualmente, vivimos uno de los cambios más significativos en la historia del aprendizaje humano: el auge de la inteligencia artificial. Los modelos lingüísticos ahora pueden generar sermones. Los algoritmos pueden componer oraciones. Los tutores de IA pueden explicar las Escrituras, traducir hebreo, simular conversaciones de atención pastoral y redactar bosquejos teológicos en segundos. Estas herramientas, antes impensables, se integran cada vez más en la vida cotidiana de estudiantes, educadores y pastores. El aula ya no está limitada por cuatro paredes ni un horario fijo. El conocimiento ya no es escaso, y la función del docente ya no es simplemente transmitir información.

En este momento, los educadores teológicos están siendo llamados a un nuevo tipo de sabiduría: una pedagogía a la vez antigua y adaptable, que se nutre de la riqueza de la tradición y, al mismo tiempo, utiliza herramientas emergentes con discernimiento crítico. Este libro busca ofrecer dicho marco. Es una guía para educadores teológicos de posgrado —profesores de seminario, diseñadores curriculares y líderes institucionales— que desean enseñar con fidelidad y eficacia en la era de la inteligencia artificial.

Nuestro enfoque se basa en la Taxonomía de Bloom, un marco de eficacia comprobada para estructurar objetivos de aprendizaje y evaluar el desarrollo cognitivo. Sin embargo, esta taxonomía es más que una estrategia didáctica: es una invitación espiritual y pedagógica para acompañar a los estudiantes desde el aprendizaje superficial hasta la integración profunda, desde la memorización de textos hasta la incorporación de la sabiduría. Cada capítulo explora una de las áreas de Bloom (recordar, comprender, aplicar, analizar, evaluar y crear) y muestra cómo la IA puede integrarse para apoyar el aprendizaje, a la vez que forma a los estudiantes para la reflexión teológica y el ministerio fiel.

Pero este libro no se limita a Bloom. También explora las preguntas teológicas, espirituales y comunitarias más amplias que surgen cuando la inteligencia artificial entra en el aula. ¿Puede la IA moldear las almas? ¿Qué significa la autoría en una era de herramientas generativas? ¿Cómo salvaguardamos la formación, la atención y el discernimiento en una cultura de velocidad y automatización? ¿Qué directrices deberían regir el uso responsable de la IA en la educación en seminarios?

Sostenemos que la educación teológica no se trata solo de dominar el contenido. Se trata de cultivar el carácter, desarrollar una profundidad espiritual y preparar a los estudiantes para liderar comunidades con humildad, valentía y esperanza. La tecnología debe contribuir a estos objetivos, no socavarlos. Guiada por una sólida visión teológica, la IA puede convertirse en una herramienta para la liberación, la accesibilidad y la creatividad. Pero si no se examina, también puede erosionar la comunidad, socavar la vocación y embotar la imaginación teológica.

Este libro está escrito con un espíritu de invitación y exploración. No es un manual de buenas prácticas ni una defensa del utopismo digital. Es, más bien, una provocación teológica: ¿Qué significaría enseñar teológicamente en la era de la IA? ¿Qué tipo de profesorado, estudiantes e instituciones surgirán al combinar la formación tradicional con las nuevas tecnologías? ¿A qué debemos aferrarnos y qué debemos estar dispuestos a reinventar?

La tarea que tenemos por delante no es simplemente actualizar nuestros programas de estudio. Es reexaminar nuestra vocación como educadores, considerando las herramientas emergentes, las epistemologías cambiantes y la labor constante de la formación espiritual. Al entrar en esta nueva era, que lo hagamos con valentía, claridad y profunda confianza en Aquel que sigue siendo el verdadero Maestro de todos nosotros.

Capítulo 1
Una visión teológica para la enseñanza y el aprendizaje

Introducción: La enseñanza como vocación sagrada

Enseñar en un contexto teológico no es simplemente transmitir contenido; es una participación sagrada en la obra formativa de Dios. Los educadores cristianos no se limitan a transmitir hechos; cultivan la sabiduría, nutren la vocación y fomentan el discernimiento necesario para un servicio fiel en la Iglesia y en el mundo. Desde esta perspectiva, el aula del seminario se convierte en un espacio de discipulado, donde los estudiantes son invitados a un camino más profundo de conocimiento de Dios, amor al prójimo y testimonio del Evangelio.

En nuestra época, esta vocación está en transformación. La inteligencia artificial, las plataformas de aprendizaje digital y los cambios globales en la educación presentan profundas oportunidades y preguntas. ¿Cómo mantenemos nuestro compromiso con la formación guiada por el Espíritu mientras interactuamos con las nuevas tecnologías? ¿Cómo garantizamos que la enseñanza siga siendo relacional, contextual y espiritualmente formativa?

Este capítulo establece las bases teológicas para estas preguntas, centrándose en tres temas: el propósito duradero de la educación teológica en la era digital; la visión bíblica y teológica que da forma a nuestra comprensión de la formación y la instrucción; y el llamado del educador a enseñar con sabiduría, humildad e innovación.

El propósito de la educación teológica en la era digital

La educación teológica siempre ha tenido un doble propósito: la formación de ministros fieles y el fomento de la sabiduría teológica para el testimonio de la Iglesia. Estos propósitos permanecen inalterados, pero el contexto en el que se persiguen ha cambiado drásticamente. Vivimos en una era de saturación de información, fragmentación moral y rápida innovación tecnológica. Las herramientas digitales, desde los teléfonos inteligentes hasta la inteligencia artificial, están transformando la forma en que las personas se relacionan con la verdad, la autoridad, la comunidad e incluso consigo mismas.

En este contexto, el propósito de la educación teológica debe ser resiliente y reinventarse. Debe ser resiliente en su compromiso con la tarea histórica de preparar a las personas para el ministerio evangélico: formar estudiantes capaces de manejar correctamente la Palabra de verdad, pastorear al pueblo de Dios con sabiduría y compasión, y dar testimonio fiel en un mundo quebrantado. Pero también debe reinventarse considerando las realidades de una cultura digital que prioriza la velocidad sobre la profundidad, la novedad sobre la fidelidad y la conectividad sobre la comunidad.

Los estudiantes de seminario de hoy no solo aprenden para el ministerio, sino que se moldean espiritual y psicológicamente gracias a las herramientas digitales que usan a diario. Estas herramientas influyen en su forma de pensar, relacionarse y concebir el mundo. Por consiguiente, la educación teológica no solo debe informar sus mentes, sino también formar su imaginación, cultivando hábitos de atención, discernimiento crítico y reflexión teológica que resistan la lógica superficial del algoritmo.

En este contexto, la educación teológica debe aspirar a fomentar una profunda alfabetización teológica en una época en la que muchos dependen de conocimientos superficiales, propios de los motores de búsqueda. También debe cultivar la formación espiritual en medio del ruido y la distracción constantes de la vida digital, ayudando a los estudiantes a recuperar hábitos de oración, reflexión y presencia. Además, debe desarrollar la imaginación pastoral en una era donde las relaciones humanas se mediatizan cada vez más a través de las pantallas, guiando a los futuros ministros en el aprendizaje de cómo cuidar, aconsejar y liderar con empatía y profundidad teológica. Finalmente, debe formar líderes resilientes y reflexivos capaces de ministrar con sabiduría y valentía en medio de la fragmentación cultural, la transición eclesial y la ambigüedad moral.

La era digital también presenta oportunidades: herramientas que pueden apoyar el aprendizaje, ampliar el acceso y simular experiencias ministeriales reales. La inteligencia artificial, cuando se utiliza con cuidado, puede ayudar a los estudiantes a dominar idiomas, evaluar ideas, visualizar conexiones históricas y teológicas, y recibir retroalimentación sobre su trabajo. Pero estas herramientas deben seguir al servicio del objetivo principal: la formación en semejanza con Cristo y la preparación para un liderazgo sabio.

La educación teológica, entonces, no se trata simplemente de la transferencia de contenido. Se trata de cultivar la sabiduría cristocéntrica en el mundo digital. Se trata de formar ministros capaces de predicar la verdad con amor —ya sea desde un púlpito, en una habitación de hospital, en una videollamada por Zoom o en una conversación digital— y con una base sólida en el evangelio para guiar a otros con valentía, humildad y claridad.

El Seminario debe ser más que una escuela de posgrado; debe ser una comunidad formativa donde los estudiantes se preparen no solo para conocer la fe, sino también para encarnarla en un mundo que busca desesperadamente esperanza y sentido. En este sentido, el propósito de la educación teológica no es meramente académico, sino eclesial, pastoral y misional, llamado a servir a la Iglesia y al mundo en nombre de Cristo.

Marcos bíblicos y teológicos para la formación y la instrucción

La labor docente en un contexto teológico debe fundamentarse no solo en la técnica pedagógica, sino también en una rica visión bíblica y teológica de la formación. La educación cristiana es, en esencia, un ministerio de discipulado: un proceso impulsado por el Espíritu mediante el cual las personas se moldean a la semejanza de Cristo y se preparan para participar en la misión redentora de Dios en el mundo. Esta formación incluye el desarrollo intelectual, pero no se limita al dominio cognitivo. Es holística e implica la renovación de la mente, la transformación del carácter y el cultivo de una vida alineada con los propósitos de Dios.

Las Escrituras ofrecen numerosas imágenes de enseñanza que son a la vez instructivas e inspiradoras. Moisés, de pie ante el pueblo de Israel, les enseña a recordar, obedecer y transmitir la sabiduría del pacto de Dios. Los Salmos celebran repetidamente a quienes meditan en la Ley de Dios, día y noche, cuyas vidas están arraigadas como árboles plantados junto a corrientes de agua viva. Jesús, el maestro de maestros, forma a sus discípulos no solo con conferencias, sino con historias, preguntas, comidas y convivencia. Su enseñanza integra palabra y obra, doctrina y amor, llamado y formación. El apóstol Pablo continúa este modelo, exhortando a las iglesias primitivas con instrucción teológica basada en la preocupación pastoral, siempre con la mira puesta en la edificación del cuerpo de Cristo hacia la madurez.

La tradición teológica de la Iglesia refuerza esta visión integradora. Agustín creía que la enseñanza no era solo la comunicación del conocimiento, sino también la organización del amor, ayudando a los estudiantes a crecer en su deseo de Dios y del prójimo. Para él, la enseñanza eficaz despierta los afectos y orienta la voluntad hacia el bien supremo. Posteriormente, pensadores como Santo Tomás de Aquino enfatizaron que la teología no es solo una ciencia, sino una disciplina espiritual: una búsqueda de comprensión arraigada en la fe y nutrida por la oración. En contextos más contemporáneos, la educación teológica se ha reconocido como una tarea que debe servir a la vida de la Iglesia y resistir la fragmentación entre la teología académica y la fe vivida.

Esta visión desafía a los educadores a considerar su labor como intelectual y pastoral, académica y eclesial. Cada programa de estudios, conferencia y encuentro en el aula debe reflejar un compromiso con la formación de personas, no solo con la formación de graduados. La formación se da no solo a través de lo que se enseña, sino también de cómo se enseña y quién la imparte. La integridad del educador, la dinámica relacional del aula y las prácticas integradas en el entorno de aprendizaje contribuyen a formar a los estudiantes para una vida de discipulado y ministerio.

En su máxima expresión, la instrucción teológica se convierte en una invitación a la transformación: una peregrinación de aprendizaje en comunidad, guiada por el Espíritu, arraigada en la Palabra y orientada al servicio en el mundo. No es una iniciativa neutral, sino una que siempre está moldeando deseos, identidades y prácticas. De esta manera, la educación teológica se convierte en una participación en la obra continua de Dios: formar un pueblo que conoce la historia de la redención, la vive fielmente y está preparado para dar testimonio de ella en todos los ámbitos de la vida.

El llamado del educador: sabiduría, humildad e innovación

Enseñar teología es participar en una santa misión: la transmisión de la fe, una vez entregada a los santos, de una manera que se dirige al mundo actual con claridad, valentía y compasión. Los educadores teológicos no solo se encuentran en las aulas, sino dentro de la larga tradición de maestros de la Iglesia: pastores, profetas, eruditos y guías que han ayudado al pueblo de Dios a transitar épocas de cambio, conflicto y llamado. En esta tradición, el educador no es un simple experto en contenido o conferenciante. Es un administrador de los misterios sagrados, un compañero en el camino de la formación y un cultivador de la sabiduría en los demás.

Esta vocación exige sabiduría, no solo como conocimiento acumulado o logros académicos, sino como discernimiento espiritual para saber qué enseñar, cuándo desafiar y cómo cuidar. La sabiduría permite al educador integrar la doctrina y la vida, dar espacio a las preguntas sin temor y guiar a los estudiantes hacia la madurez teológica. En una época marcada por la incertidumbre y la sobrecarga, los educadores deben discernir qué forma realmente, qué distrae y qué perdura.

La humildad es igualmente esencial. Permite al educador enseñar desde una postura de servicio en lugar de control, reconocer límites e invitar al Espíritu a participar en el proceso de aprendizaje. El maestro humilde reconoce que también es un aprendiz, moldeado continuamente por las Escrituras, la tradición, los estudiantes y las exigencias de un mundo cambiante. La humildad resiste la tentación de dominar el aula y, en cambio, fomenta un espacio donde el diálogo, la curiosidad y el crecimiento espiritual pueden florecer.

En esta era de rápida evolución, la innovación no es opcional, sino parte de una administración fiel. Pero la innovación teológica no consiste en seguir tendencias ni adoptar herramientas por pura novedad. Más bien, implica una atención creativa a lo que mejor beneficie la formación. Esto puede implicar reimaginar métodos pedagógicos, incorporar herramientas digitales como la inteligencia artificial para facilitar y personalizar la instrucción, o crear nuevos entornos de aprendizaje que respondan a las diversas necesidades y realidades culturales de los estudiantes. La innovación se vuelve fiel cuando se arraiga en una visión teológica, responde a los desafíos contemporáneos y está animada por la obra continua del Espíritu en la Iglesia y en el mundo.

Ser un educador teológico hoy es vivir en la intersección de verdades perdurables y preguntas emergentes. Es enseñar en la tensión entre lo ya existente y lo aún no arraigado en el evangelio, atento al momento presente y esperanzado por lo que el Espíritu está haciendo. En esta labor sagrada, la sabiduría, la humildad y la innovación no son virtudes opcionales; son la forma de la fidelidad.

Conclusión: Sentando las bases

Este capítulo sienta las bases sobre las que se construye el resto del libro. La enseñanza teológica es una labor sagrada, arraigada en la Escritura y la tradición, orientada a la transformación y siempre al servicio de la Iglesia.

En los próximos capítulos, exploraremos cómo la Taxonomía de Bloom puede ayudar a estructurar la instrucción teológica para lograr profundidad y crecimiento; cómo se puede utilizar la IA de maneras pedagógica y espiritualmente significativas; y cómo los educadores teológicos pueden diseñar cursos que reflejen tanto excelencia como cuidado.

Pero antes de todo eso, debemos recordar: nuestro primer llamado no es a la estrategia, sino a la fidelidad: a Dios, a nuestros estudiantes y a la Iglesia a la que servimos.

Capítulo 2
La taxonomía de Bloom y la formación teológica

Introducción: Por qué la taxonomía de Bloom es importante para la educación teológica

En la educación teológica, no basta con simplemente abarcar el contenido. La formación requiere una progresión reflexiva, guiando a los estudiantes desde los conocimientos básicos hasta una profunda integración espiritual e intelectual. La Taxonomía de Bloom, un marco educativo ampliamente utilizado, ofrece un modelo valioso para este movimiento. Describe seis niveles de compromiso cognitivo: recordar, comprender, aplicar, analizar, evaluar y crear. Cada nivel se basa en el anterior, creando un camino desde la adquisición de conocimientos hasta la imaginación teológica.

Este capítulo explora cada nivel de la Taxonomía de Bloom considerando el aprendizaje teológico. Considera cómo los educadores teológicos pueden diseñar una instrucción que honre tanto el desarrollo cognitivo como la formación espiritual, y cómo la inteligencia artificial podría contribuir, en lugar de socavar, estos objetivos.

Recordando: El fundamento del conocimiento teológico

La formación teológica comienza con la memorización. Este nivel fundamental de aprendizaje implica más que la simple memorización; es un acto sagrado de recordar las verdades de la fe, las historias del pueblo de Dios y el vocabulario que da forma a la comprensión teológica. Tanto en la Escritura como en la tradición, la memorización es fundamental para la vida de fe. Israel es llamado repetidamente a recordar la alianza, el Éxodo y la fidelidad de Dios. Jesús instituyó la Cena del Señor como un ritual de conmemoración. La Iglesia primitiva memorizaba credos y catecismos no como ejercicios académicos, sino como prácticas de identidad y fidelidad comunitarias.

En el aula de seminario, la memorización se concreta en la memorización de pasajes bíblicos, términos teológicos, cronologías históricas y la ordenación de las doctrinas. Sienta las bases para todo aprendizaje de orden superior, permitiendo a los estudiantes profundizar en la comprensión, la interpretación y la aplicación. Un estudiante no puede reflexionar críticamente sobre una doctrina que no conoce de memoria, ni puede analizar argumentos teológicos si no comprende internamente las ideas y fuentes clave. Por lo tanto, recordar no es simplista; es fundamental. Permite que la reflexión teológica se arraigue en la memoria y la imaginación.

La inteligencia artificial ofrece diversas herramientas que pueden apoyar este nivel de formación. Los sistemas inteligentes de tarjetas didácticas pueden reforzar el vocabulario en idiomas bíblicos y la terminología teológica. Las líneas de tiempo generadas por IA pueden ayudar a los estudiantes a visualizar los avances clave en la historia de la Iglesia y la evolución doctrinal. Los cuestionarios interactivos y las sesiones de repaso por chat pueden proporcionar retroalimentación personalizada y repetición que fortalece la retención. Cuando se diseñan con la formación espiritual en mente, incluso estas herramientas básicas pueden convertirse en instrumentos de devoción, apoyando no solo el rendimiento académico, sino también el tipo de remembranza que nutre la fe y prepara a los estudiantes para enseñar también a otros.

En definitiva, recordar en la educación teológica es un acto de arraigar a los estudiantes en la memoria de la Iglesia, la historia de la salvación y el carácter de Dios. Es el primer paso en el camino hacia la sabiduría y la competencia pastoral. Lejos de ser mecánica u obsoleta, es la disciplina sagrada de recordar las verdades que moldean nuestra identidad y nuestro ministerio.

Comprensión: Interpretación y articulación del significado

La comprensión se basa en la memorización, invitando a los estudiantes a comprender lo aprendido. Impulsa al alumno de la simple memorización a una interpretación significativa. En la educación teológica, esto implica explicar conceptos con las propias palabras, comprender el significado de las doctrinas y discernir la lógica interna de la fe cristiana. La comprensión es donde la teología se vuelve inteligible: no solo una lista de términos o fechas, sino una visión coherente de la obra de Dios en el mundo y la participación de la Iglesia en ella. En esta etapa, los estudiantes comienzan a comprender el "por qué" detrás del "qué", explorando cómo los textos bíblicos, los argumentos teológicos y los desarrollos históricos se relacionan entre sí y con la vida contemporánea.

Este nivel de cognición es crucial para capacitar a futuros ministros y líderes. Les permite articular la fe de forma fiel y accesible, enseñar a otros con claridad y profundidad, y conectar con la cultura con convicción y compasión. En el aula, esto puede manifestarse parafraseando las Escrituras, explicando posturas teológicas en diálogo con las tradiciones históricas, o estableciendo conexiones entre las doctrinas y la experiencia vivida de las comunidades de fe. La comprensión no es estática; crece en profundidad y matices mediante la reflexión guiada, el diálogo y el encuentro continuo con las Escrituras y la tradición.

La inteligencia artificial puede contribuir a este proceso cuando se integra cuidadosamente en la práctica pedagógica. Las herramientas basadas en IA pueden generar resúmenes simplificados de textos complejos, ofrecer analogías o ilustraciones y crear visualizaciones de marcos teológicos que clarifican las conexiones entre ideas. Estos recursos pueden ayudar a los estudiantes a pasar de la confusión a la claridad, ayudándolos a comprender material denso de forma más digerible. Sin embargo, la verdadera comprensión no se limita a la exposición a contenido simplificado. También requiere afrontar la ambigüedad, escuchar al Espíritu y participar en la tarea común de interpretación.

En la educación teológica, la comprensión es un acto profundamente espiritual. Es la labor de adentrarse en el misterio de la revelación de Dios y permitir que esta transforme nuestras suposiciones, deseos y cosmovisión. Es fruto de la atención, la indagación guiada y la dedicación paciente a la riqueza de la tradición cristiana. Cuando los educadores cultivan este tipo de comprensión en sus estudiantes, contribuyen a formar ministros capaces de interpretar fielmente el evangelio y proclamar su verdad en un mundo ávido de significado.

Aplicación: Uniendo la doctrina y la vida

La aplicación es el momento en que el conocimiento teológico pasa de la escritura a la práctica. Es donde los conceptos abstractos se encuentran con la realidad vivida, y donde la doctrina se traduce en acción pastoral, toma de decisiones éticas y fe encarnada. En la

Taxonomía de Bloom, la etapa de aplicación desafía a los estudiantes no solo a comprender la teología, sino también a usarla significativamente en contextos del mundo real. Para el estudiante de seminario, esto a menudo incluye la elaboración de sermones que aborden las dificultades contemporáneas, una atención pastoral que refleje integridad teológica o el abordaje de dilemas morales complejos con sabiduría bíblica. Este nivel de aprendizaje marca la transición de la teoría a la praxis, donde la teología comienza a vivir y respirar al ritmo del ministerio.

Aplicar la teología requiere discernimiento e imaginación. Exige que los estudiantes no solo comprendan la verdad, sino también cómo esa verdad se refleja en la complejidad de la experiencia humana. El perdón debe aplicarse en la mediación de conflictos; las doctrinas de la imago Dei deben moldear la atención pastoral a los marginados; la eclesiología debe orientar las prácticas de liderazgo. Estos no son ejercicios de abstracción, sino actos de formación, fundamentados en la creencia de que la teología debe ser vivida. La Encarnación misma —el Verbo hecho carne— se erige como el modelo supremo de aplicación. Jesús no solo enseñó la verdad: la encarnó, invitando a sus seguidores a hacer lo mismo.

La inteligencia artificial, bien guiada, puede contribuir a esta labor integradora. Las plataformas de IA pueden simular escenarios pastorales como visitas hospitalarias, sesiones de consejería o conflictos congregacionales, ofreciendo a los estudiantes un entorno seguro para poner a prueba y refinar sus respuestas teológicas. Los juegos de rol basados en chats pueden facilitar la práctica de expresar la fe en conversaciones pastorales o evangelísticas. Las herramientas que ayudan en la preparación de sermones pueden ayudar a los estudiantes a conectar el texto bíblico con las necesidades de un público específico. Incluso las herramientas de registro con IA pueden ayudar a los estudiantes a conectar el aprendizaje en el aula con la formación práctica o las experiencias ministeriales. Si se utilizan correctamente, estas tecnologías no sirven como atajos, sino como apoyo para la reflexión y el crecimiento.

En definitiva, la aplicación es un acto profundamente espiritual: una expresión de obediencia, amor y servicio. Refleja el objetivo de la educación teológica: no solo formar pensadores, sino practicantes sabios y fieles del evangelio. Cuando los estudiantes pueden aplicar lo aprendido con sensibilidad pastoral, integridad ética y visión misional, la teología se convierte en algo más que una disciplina: se convierte en un estilo de vida.

Analizar: ver las partes y el todo

El análisis profundiza el aprendizaje teológico al enseñar a los estudiantes a examinar la estructura, las relaciones y los supuestos. En este nivel de la Taxonomía de Bloom, los estudiantes no solo reciben y aplican el contenido teológico, sino que comienzan a analizarlo. El análisis implica identificar conexiones lógicas, exponer presuposiciones ocultas, diferenciar entre interpretaciones contrapuestas y rastrear el flujo de los argumentos teológicos. Los estudiantes aprenden a ver la coherencia interna (o la falta de ella) dentro de una doctrina, a comparar marcos de referencia entre tradiciones y a evaluar la integridad de las interpretaciones considerando la Escritura y la enseñanza eclesial.

Esta habilidad es esencial para cultivar el discernimiento. En el Nuevo Testamento, el apóstol Pablo ejemplifica el pensamiento analítico en sus epístolas, especialmente al contrastar el Antiguo y el

Nuevo Pacto, al desentrañar argumentos cristológicos o al estructurar cuidadosamente las exhortaciones teológicas. Asimismo, los estudiantes de teología hoy deben desarrollar la capacidad de comparar las soteriologías patrísticas y de la Reforma, criticar las influencias culturales en las teologías contextuales y trazar un mapa de los movimientos teológicos a lo largo del tiempo. El análisis les proporciona las herramientas no solo para comprender el contenido teológico, sino también para preguntarse cómo se ha moldeado, qué presupone y qué implicaciones tiene para la vida y el ministerio.

La inteligencia artificial puede facilitar esta etapa ofreciendo herramientas de comparación conceptual que contrastan perspectivas teológicas, generando mapas visuales de argumentos o estructuras bíblicas y ayudando a identificar patrones semánticos en los textos. Por ejemplo, los estudiantes podrían usar la IA para comparar diversas teorías de la expiación, rastrear patrones en una carta paulina o visualizar temas doctrinales a lo largo de la historia de la Iglesia. Estas herramientas pueden hacer que el proceso analítico sea más accesible e incluso atractivo, especialmente para quienes aprenden visualmente.

Sin embargo, el trabajo de análisis debe basarse en la sabiduría teológica. La IA puede destacar diferencias, pero no puede evaluar plenamente la trascendencia teológica. Puede presentar contrastes, pero no el contexto. Por esta razón, el rol del educador es crucial para ayudar a los estudiantes a plantear las preguntas correctas e interpretar sus hallazgos desde una perspectiva de fidelidad bíblica y responsabilidad eclesial. En definitiva, el análisis no consiste en desmantelar la teología, sino en comprender su arquitectura, para que los estudiantes puedan construir, criticar y reformar de maneras que honren la verdad del evangelio y sirvan a la vida de la Iglesia.

Evaluación: discernimiento y juicio teológico

La evaluación marca un momento crucial en el proceso de formación teológica. Es el punto en el que los estudiantes comienzan a ejercer un juicio maduro, evaluando la coherencia, validez y relevancia de las afirmaciones teológicas, los argumentos éticos y las prácticas ministeriales. Este nivel de la Taxonomía de Bloom no se limita a preguntar: "¿Qué significa esto?" o "¿Cómo lo uso?", sino: "¿Es esto cierto? ¿Es bueno? ¿Es fiel?". En esta etapa, los estudiantes desarrollan la habilidad esencial del discernimiento, lo que la Iglesia primitiva denominaba diakrisis: la capacidad de distinguir entre la verdad y el error, la enseñanza sólida y la distorsión, la práctica sana y el mal uso perjudicial.

La evaluación teológica implica abordar las Escrituras, la tradición, la razón y la experiencia en una conversación dinámica. Los estudiantes deben aprender a sopesar la credibilidad de las fuentes, cuestionar los supuestos teológicos y contrastar las ideas con el testimonio más amplio del evangelio. Deben ser capaces de criticar no solo las afirmaciones doctrinales, sino también sus consecuencias prácticas en la vida de la iglesia, la teología pública y el liderazgo pastoral. La evaluación también se extiende al carácter del ministerio: pregunta no solo si algo funciona, sino si refleja la sabiduría cruciforme de Cristo. No es cínica ni combativa, sino humilde y fiel, buscando el florecimiento del pueblo de Dios.

La inteligencia artificial puede contribuir a este proceso exponiendo a los estudiantes a perspectivas teológicas contrastantes, impulsándolos a defender o refutar posturas éticas y ofreciendo ejercicios simulados de revisión por pares. La IA puede sugerir preguntas, generar ejemplos e incluso ayudar a crear rúbricas que apoyen el pensamiento evaluativo. Sin embargo, no puede emitir juicios de profundidad espiritual ni de peso moral. El discernimiento no se cultiva de forma aislada ni mediante la automatización, sino en el contexto de la formación: en aulas, iglesias y comunidades donde los estudiantes reciben mentoría con sabiduría y son moldeados por el amor.

En su máxima expresión, la evaluación en la educación teológica forma a los estudiantes como líderes reflexivos, devotos y valientes. Estas personas no se dejan llevar por cualquier viento de doctrina, sino que son capaces de guiar a otros con claridad y convicción. En un mundo que a menudo prioriza la eficiencia sobre la reflexión y la certeza sobre la sabiduría, los educadores teológicos deben crear un espacio para una evaluación cuidadosa, guiada por el Espíritu. Es en este espacio donde los estudiantes aprenden no solo qué creer, sino también a pensar, a escuchar y a liderar con integridad y gracia.

Creando: Imaginación teológica e innovación

El nivel más alto de la Taxonomía de Bloom, la creación, llama a los estudiantes a ir más allá del análisis y la evaluación hacia la síntesis y la innovación. En la educación teológica, esto significa que los estudiantes comienzan a construir algo nuevo a partir de lo que han recibido: sermones que predican el evangelio fielmente con su propia voz, liturgias que se adaptan al contexto de una comunidad específica, estrategias ministeriales que responden a necesidades pastorales o culturales apremiantes, o incluso marcos teológicos que abordan las lagunas o desafíos de la tradición. Crear no implica abandonar el pasado; significa interactuar con él con fidelidad imaginativa, aprovechando la riqueza de las

Escrituras y la historia de la Iglesia para hablar al presente con visión profética y creatividad pastoral.

Esta etapa representa un resultado vital de la formación teológica: el surgimiento de líderes que no se limitan a replicar lo aprendido, sino que contribuyen al testimonio teológico y misional continuo de la Iglesia. Los estudiantes que crean no se limitan a recitar doctrinas ni a repetir lo que dicen los autores; generan, con oración y teología, nuevas expresiones de verdad y práctica cristianas, arraigadas y receptivas. Esto se puede observar en la composición de liturgias contextuales, el desarrollo de nuevos modelos de participación comunitaria, la integración de la teología con las artes o la articulación de respuestas teológicas a cuestiones éticas emergentes. En todo esto, la creación refleja la labor continua del Espíritu para renovar la Iglesia e inspirar una renovada fidelidad en cada generación.

La inteligencia artificial puede contribuir a este nivel de aprendizaje al ayudar a los estudiantes a generar ideas, estructurar esquemas o sintetizar fuentes en las primeras etapas de su trabajo creativo. Por ejemplo, la IA podría apoyar a un estudiante en el diseño de un currículo, la elaboración de un marco para un sermón o la exploración de conexiones teológicas entre fuentes dispares. Al utilizarse de estas maneras, la IA se convierte en un aliado creativo, ofreciendo sugerencias sin reemplazar la labor formativa de la imaginación teológica. Sin embargo, este proceso debe mantenerse firmemente arraigado en la comunidad, la responsabilidad y la obra del Espíritu Santo. La creatividad en teología debe estar moldeada por el discernimiento, la humildad y la fidelidad al relato evangélico.

Crear, en definitiva, no se trata simplemente de producir contenido. Se trata de participar en la obra redentora de Dios en el mundo. Los educadores teológicos están llamados a fomentar este tipo de creatividad, no como un proyecto final, sino como una vocación. El aula del seminario debe ser un espacio donde los estudiantes se empoderen de imaginar y articular una teología que edifique la Iglesia, diga la verdad a los poderosos y ofrezca esperanza a un mundo quebrantado. En este espacio, el objetivo no es solo que los estudiantes aprendan teología, sino que se conviertan en teólogos: imaginativos, valientes y arraigados en el amor de Cristo.

Conclusión: Un marco para el florecimiento

La Taxonomía de Bloom ofrece a los educadores teológicos una estructura para diseñar cursos que abarquen todos los ámbitos del aprendizaje: intelectual, espiritual y práctico. Al combinarse con una pedagogía formativa y una integración inteligente de herramientas digitales, se convierte en una guía eficaz para formar a los estudiantes como profesionales reflexivos, líderes sabios y teólogos creativos.

En una época en la que se prioriza la eficiencia sobre la profundidad, y la información sobre la sabiduría, la Taxonomía de Bloom ayuda a recuperar el trabajo lento y sagrado de la formación. Nos recuerda que la buena enseñanza no se trata solo de lo que saben los estudiantes, sino de en quiénes se convierten.

Capítulo 3
La inteligencia artificial y el futuro de la enseñanza teológica

Introducción: La enseñanza en el umbral del cambio tecnológico

Vivimos en un momento crucial de la historia —lo que algunos han llamado la cuarta revolución industrial—, marcado por el rápido auge de la inteligencia artificial (IA). Si bien los cambios tecnológicos no son nuevos en la educación ni en la teología, la aparición de la IA supone una transformación sin precedentes en nuestra forma de pensar, comunicarnos y aprender. Para los educadores teológicos, no se trata simplemente de herramientas para el aula, sino de una cuestión más profunda de respuesta vocacional. ¿Cómo enseñamos con fidelidad y sabiduría en una época en la que los algoritmos moldean la atención y las máquinas pueden generar sermones, resumir las Escrituras e incluso imitar el razonamiento teológico?

Este capítulo explora el panorama cambiante de la educación desde la perspectiva de la IA y considera cómo los educadores teológicos pueden responder con discernimiento, creatividad y esperanza. No ofrece una aceptación o rechazo simplista de la IA, sino una reflexión teológica sobre lo que está en juego —y lo que es posible— cuando la enseñanza se intersecta con la inteligencia artificial.

¿Qué es la inteligencia artificial?

La inteligencia artificial (IA) se refiere al desarrollo de sistemas informáticos capaces de realizar tareas que normalmente requieren inteligencia humana. Estas tareas incluyen comprender el lenguaje, reconocer patrones, tomar decisiones, aprender de la experiencia e incluso generar contenido original. En esencia, la IA no es una tecnología única, sino un campo amplio que abarca el aprendizaje automático, el procesamiento del lenguaje natural, las redes neuronales y los algoritmos generativos. Estas herramientas permiten a las máquinas imitar ciertas funciones cognitivas procesando grandes cantidades de datos, identificando tendencias y haciendo predicciones o sugerencias basadas en dicho análisis.

En el ámbito educativo, la IA está cada vez más presente a través de herramientas como plataformas de aprendizaje adaptativo, tutores virtuales, asistentes de escritura automatizados y chatbots interactivos. Estos sistemas pueden adaptar el contenido a cada alumno, proporcionar retroalimentación instantánea, simular conversaciones humanas y analizar la participación y la comprensión del alumnado. En la educación teológica, la IA puede utilizarse para resumir textos teológicos densos, proporcionar esquemas estructurados para argumentos complejos o simular conversaciones sobre dilemas éticos. Los estudiantes pueden interactuar con la IA para poner a prueba su comprensión de la teología histórica o explorar diversas interpretaciones de las Escrituras.

Sin embargo, a pesar de su sofisticación, la IA sigue siendo fundamentalmente limitada. Opera mediante el reconocimiento de patrones, las probabilidades estadísticas y el entrenamiento algorítmico, no mediante la sabiduría, la conciencia ni la comprensión espiritual. Puede imitar el lenguaje humano, pero no puede comprender el misterio divino. Puede recopilar información, pero no puede encarnar el discernimiento. Por lo tanto, los educadores teológicos deben abordar la IA con una conciencia clara tanto de sus capacidades como de sus límites. Si bien la IA puede contribuir al proceso de aprendizaje, no es una fuente de revelación ni un sustituto de la naturaleza relacional, orante y guiada por el Espíritu de la formación teológica.

A medida que la IA continúa evolucionando, moldeará los límites de la educación y el ministerio. Sin embargo, los educadores teológicos se encuentran en una posición privilegiada para guiar a los estudiantes en la comprensión no solo de qué es la IA y cómo funciona, sino también de cómo relacionarse con ella ética, espiritual y teológicamente. Esto requiere una reflexión continua sobre la naturaleza de la identidad humana, el significado de la sabiduría y el papel de la tecnología en la vida de la Iglesia.

Cómo la IA está cambiando la educación

El auge de la inteligencia artificial está transformando el panorama educativo en todos los niveles. Las herramientas impulsadas por IA están posibilitando formas de aprendizaje antes inimaginables, ofreciendo instrucción personalizada, retroalimentación en tiempo real y contenido adaptable que responde al ritmo, intereses y rendimiento de cada estudiante. Las plataformas educativas ahora utilizan IA para monitorear la participación estudiantil, identificar áreas de dificultad y sugerir recursos adaptados a las necesidades de cada estudiante. Para instituciones con un profesorado limitado o estudiantes a distancia, estas tecnologías ofrecen un nuevo acceso a experiencias formativas que de otro modo no estarían disponibles. En la educación teológica, esto significa que los estudiantes pueden participar en estudios independientes con apoyo guiado, recibir explicaciones de ideas teológicas complejas e incluso interactuar con simulaciones de conversaciones pastorales o debates teológicos históricos.

Sin embargo, la influencia de la IA también presenta desafíos significativos para los modelos pedagógicos tradicionales. La facilidad con la que los estudiantes pueden generar ensayos, responder preguntas de exámenes o resumir textos con la ayuda de herramientas de IA plantea serias dudas sobre la integridad académica y la formación intelectual. Existe el peligro de que los estudiantes lleguen a depender de las máquinas no como ayudas para la reflexión, sino como sustitutos del trabajo lento, personal y comunitario del aprendizaje teológico. Además, el rol del educador está cambiando: de ser la fuente principal de información a convertirse en guía, curador e intérprete en un entorno saturado de sistemas inteligentes. Los docentes ahora deben ayudar a los estudiantes no solo a adquirir conocimientos, sino también a aprender a discernir, evaluar e interactuar responsablemente con las herramientas que los median.

En este panorama cambiante, los educadores teológicos deben cultivar nuevas formas de sabiduría. Deben mantenerse arraigados en su identidad vocacional como formadores de personas, no solo como transmisores de contenido. En lugar de resistirse por completo a la IA o adoptarla acríticamente, los educadores están llamados a abordar esta tecnología con discernimiento, integrando sus fortalezas y salvaguardando la integridad del proceso de aprendizaje. Esto incluye enseñar a los estudiantes no solo a usar las herramientas de IA, sino también a reflexionar teológicamente sobre su uso, reconociendo las sutiles maneras en que la tecnología moldea el pensamiento, las relaciones y la comunidad. De esta manera, la educación teológica se convierte en un espacio no solo de transferencia de conocimientos, sino también de formación moral y espiritual, preparando a los estudiantes para liderar con sabiduría en un mundo cada vez más moldeado por algoritmos y automatización.

Riesgos y desafíos: éticos, pedagógicos y teológicos

A medida que la inteligencia artificial se integra cada vez más en la práctica educativa, conlleva una serie de riesgos y desafíos complejos que exigen una cuidadosa reflexión teológica y ética. Desde el punto de vista ético, el despliegue de la IA plantea inquietudes apremiantes sobre la autoría, la privacidad de los datos, el consentimiento y el sesgo algorítmico. Tanto estudiantes como educadores deben preguntarse quién es el propietario del contenido generado por la IA, cómo se recopilan y utilizan los datos de aprendizaje, y si los sistemas reflejan sesgos culturales, teológicos o ideológicos inherentes a su diseño. Sin transparencia ni rendición de cuentas, las herramientas de IA pueden, inadvertidamente, reforzar la injusticia, propagar desinformación o erosionar la confianza en el proceso educativo.

Pedagógicamente, existe el peligro de que la IA reduzca la riqueza del aprendizaje teológico a algo transaccional o mecánico. La tentación de automatizar la instrucción, la calificación o la entrega de contenido puede resultar en la pérdida de elementos formativos, dialógicos y comunitarios esenciales para la educación teológica. La teología no es simplemente la transferencia de conocimiento; es un proceso de transformación que ocurre en la relación, a través de la conversación y bajo la guía de mentores que modelan la vida de fe. Si los educadores se apoyan demasiado en los sistemas de IA, corren el riesgo de reemplazar el encuentro vivo con la lógica muerta de la eficiencia. Esto es especialmente cierto en disciplinas como la teología, donde los matices, el silencio, el misterio y la presencia afectiva importan tanto como la información.

Teológicamente, quizás el desafío más profundo sea la posible confusión entre la sofisticación tecnológica y la profundidad espiritual. La IA puede generar argumentos teológicos convincentes, imitar el lenguaje pastoral o elaborar complejos resúmenes doctrinales. Sin embargo, lo hace sin fe, sin oración y sin la presencia interior del Espíritu Santo. No puede dar testimonio, ofrecer cuidado pastoral ni participar en el discernimiento espiritual. Su «inteligencia» es sintética y su voz, prestada. Si se adopta acríticamente, la IA podría fomentar un entorno educativo donde la verdad teológica se trate como datos en lugar de como la sabiduría vivida de la Iglesia. La dimensión humana de la formación —mentoría, comunidad, sacramento y sufrimiento compartido— no puede automatizarse. Esto es particularmente vital para la preparación de ministros, quienes deben formarse no solo intelectualmente, sino también espiritual y relacionalmente.

Estos riesgos no significan que la IA no tenga cabida en la educación teológica. Pero sí exigen que los educadores la aborden no solo como una conveniencia, sino como una herramienta que debe estar en sintonía con los propósitos más profundos de la formación. La IA debe servir a la pedagogía, no redefinirla; debe apoyar la indagación teológica, no suplantar la formación espiritual. Sobre todo, nunca debe desplazar la sagrada responsabilidad de los educadores que acompañan a los estudiantes en su crecimiento en conocimiento, fe y amor. La tarea no consiste simplemente en usar la IA responsablemente, sino en hacerlo de maneras que honren la humanidad de los estudiantes y la vocación divina de quienes enseñan.

Integración teológica: enseñar con IA, no enseñar mediante IA

Una educación teológica fiel en la era de la inteligencia artificial requiere más que competencia técnica: exige imaginación teológica. La tarea no consiste simplemente en incorporar la IA al aula, sino en integrarla significativamente en una visión de formación arraigada en el Evangelio, guiada por el Espíritu y orientada al florecimiento de la Iglesia. Enseñar con IA nunca debe convertirse en enseñar mediante IA. La distinción es crucial. La IA puede contribuir al proceso de aprendizaje, pero nunca debe permitirse que determine sus objetivos, defina sus métodos ni desplace su núcleo relacional y espiritual.

Enseñar teológicamente con IA implica partir de la pregunta de propósito: ¿Qué buscamos formar en nuestros estudiantes? ¿Qué tipo de personas esperamos que se conviertan? El objetivo de la educación teológica no es simplemente la comprensión o la adquisición de habilidades, sino la sabiduría, moldeada a través de los ritmos de la Escritura, la tradición, la oración y la comunidad. La IA puede contribuir en este proceso apoyando tareas como resumir textos teológicos complejos, generar propuestas de estudio u ofrecer retroalimentación sobre la escritura. Estas contribuciones pueden ayudar a los educadores a dedicarse más a la mentoría, la guía espiritual y el diálogo reflexivo. Cuando se utiliza con criterio, la IA puede mejorar la accesibilidad, personalizar el apoyo y enriquecer el proceso de aprendizaje.

Sin embargo, la correcta integración de la IA también requiere una redefinición del rol del educador. Dejando de ser un simple proveedor de información, el educador teológico se convierte en guía, pastor y gestor de experiencias de aprendizaje. Este cambio invita a una mayor intencionalidad en la configuración de los entornos de aprendizaje, creando espacios para la reflexión del alumnado, el diálogo entre compañeros y la práctica de la fe. Los docentes deberán desarrollar un nuevo discernimiento: no solo sobre cómo usar las herramientas de IA, sino también sobre cuándo no usarlas, reconociendo el valor insustituible de la presencia humana y el compromiso pastoral.

Del mismo modo, los estudiantes deben formarse no solo para usar la IA con competencia, sino también para relacionarse con ella con sabiduría. Necesitan aprender a plantear preguntas teológicas sobre las tecnologías que utilizan: ¿Qué visión de la persona humana asume esta herramienta? ¿Cómo podría moldear mi comprensión del conocimiento, la verdad o la vocación? Los educadores deben modelar este tipo de indagación teológica practicando la valentía y la cautela, sin temer la innovación ni idolatrarla. Al hacerlo, formarán ministros y líderes capacitados para desenvolverse en un mundo en constante cambio sin perder de vista el llamado más profundo a amar a Dios y al prójimo.

En resumen, la integración de la IA en la educación teológica debe ser propositiva, relacional y profundamente teológica. Debe apoyar, no reemplazar, las prácticas formativas que forman a los estudiantes para ser siervos de la Iglesia sabios, humildes y guiados por el Espíritu. Si se utiliza correctamente, la IA puede convertirse en una herramienta no de control, sino de acompañamiento, ayudando a los estudiantes a conectar más profundamente con la tradición viva de la Iglesia y con el Dios vivo que los llama a servir.

Conclusión: Una vocación esperanzadora

La inteligencia artificial no va a desaparecer. Seguirá transformando nuestra forma de pensar, enseñar y aprender. La tarea de los educadores teológicos no es retroceder con miedo ni precipitarse con ingenuidad, sino avanzar con esperanza, cimentados en las Escrituras, en sintonía con el Espíritu y atentos a las necesidades de la Iglesia. La IA es una herramienta; no es un maestro. Puede contribuir a la labor educativa, pero no puede reemplazar la sagrada vocación de formar personas para el ministerio evangélico.

Al encontrarnos en este umbral, estamos llamados no simplemente a adoptar nuevas tecnologías, sino a encarnar un nuevo tipo de sabiduría: una que refleje el carácter de Cristo, honre la complejidad del aprendizaje humano y sirva a la misión redentora de Dios en el mundo.

Capítulo 4
Diseño de cursos asistidos por IA para la formación teológica

Introducción: La arquitectura del aprendizaje teológico

Diseñar cursos de educación teológica es un acto sagrado y estratégico que implica mucho más que seleccionar contenido o organizar tareas. Es la labor de crear caminos formativos donde los estudiantes se encuentren no solo con ideas teológicas, sino también con el Dios vivo que los llama al ministerio, al discipulado y al testimonio. En este sentido, el diseño de cursos se convierte en una profunda responsabilidad pastoral. El educador no solo actúa como arquitecto curricular, sino como guía espiritual, creando espacios donde convergen la indagación teológica y el crecimiento espiritual. Cada decisión, desde los resultados de aprendizaje hasta las prácticas de evaluación, tiene el potencial de favorecer o dificultar la formación de líderes sabios, humildes y fieles.

En la era digital, esta responsabilidad adquiere nuevas dimensiones. El rápido auge de la inteligencia artificial y las herramientas digitales reta a los educadores a reimaginar cómo se lleva a cabo el aprendizaje y cómo se cultiva la formación. Los estudiantes, cada vez más, interactúan con el contenido de forma asincrónica, a través de pantallas y acceden al conocimiento mediante sistemas inteligentes que responden a sus necesidades en tiempo real. Si bien estos avances crean nuevas oportunidades de accesibilidad y personalización, también corren el riesgo de despersonalizar el aprendizaje y reducir la educación teológica a la entrega de información. Por lo tanto, el diseño de los cursos debe ser profundamente intencional, considerando tanto las promesas como los riesgos de la integración tecnológica.

Incorporar la IA de forma inteligente en el diseño de cursos no se trata de reemplazar a los docentes humanos ni de automatizar la formación. Se trata, más bien, de discernir cómo estas herramientas podrían enriquecer el proceso de aprendizaje al utilizarse con cuidado pastoral e integridad teológica. El objetivo no es la innovación por sí misma, sino la creación de entornos de aprendizaje donde los estudiantes se adentren más profundamente en las Escrituras, la tradición, la comunidad y la vocación. Este capítulo explora cómo los educadores pueden diseñar cursos teológicos asistidos por IA que se mantengan arraigados en la misión de la Iglesia, respondan a las realidades contemporáneas y se centren en el poder transformador del Evangelio.

Enmarcando los resultados del aprendizaje teológicamente

Los resultados de aprendizaje sirven como guía para un curso. Orientan tanto al educador como al estudiante al articular lo que el alumno debe saber, ser capaz de hacer y, en la educación teológica, en quién se convertirá al finalizar su trayectoria. En entornos académicos seculares, los resultados suelen enfatizar la adquisición de conocimientos y el dominio de habilidades. Sin embargo, en la educación teológica, los resultados de aprendizaje deben estar moldeados por una visión más amplia y profunda, que incluya la formación espiritual, la claridad vocacional y el servicio eclesial. Deben reflejar no solo el logro cognitivo, sino también la transformación del corazón, la profundización de la fe y el crecimiento de la sabiduría pastoral y teológica.

Enmarcar teológicamente los resultados de aprendizaje implica preguntarse no solo: "¿Qué deben aprender los estudiantes?", sino también: "¿Qué tipo de personas buscamos formar?". ¿Estamos cultivando intérpretes de las Escrituras con fundamento bíblico? ¿Líderes con sabiduría ética? ¿Pastores compasivos? ¿Teólogos reflexivos capaces de discernir la acción del Espíritu en contextos complejos? Cuando los resultados de aprendizaje se alinean con estos objetivos formativos, cada aspecto del curso —desde el contenido y la pedagogía hasta las tareas y la evaluación— se convierte en un medio para el desarrollo espiritual y ministerial.

En una era digital donde la inteligencia artificial desempeña un papel cada vez más importante en la entrega de contenido y la participación, es especialmente importante ser explícitos sobre estos objetivos teológicos. La IA puede acelerar el procesamiento de la información, proporcionar resúmenes de contenido e incluso simular conversaciones. Pero no puede formar el carácter, moldear la virtud ni inspirar un sentido de vocación. Cuando los educadores articulan claramente los resultados de aprendizaje que integran el conocimiento, la práctica y el crecimiento espiritual, contribuyen a garantizar que la IA sirva a la formación en lugar de distorsionarla.

Por ejemplo, un resultado podría ir más allá de "Explicar la doctrina de la Trinidad" y convertirse en "Articular la doctrina de la Trinidad y reflexionar sobre sus implicaciones para la vida comunitaria y la práctica pastoral". Otro podría expandirse de "Comprender los marcos éticos" a "Discernir y aplicar marcos éticos a dilemas ministeriales de la vida real con sensibilidad pastoral". Este tipo de resultados con raíces teológicas abren el camino para que las herramientas de IA desempeñen un papel de apoyo, manteniendo el enfoque principal en las dinámicas humanas y divinas como eje central del aprendizaje.

En definitiva, enmarcar teológicamente los resultados del aprendizaje es un acto de esperanza. Expresa la confianza en que Dios obra en el proceso de aprendizaje, en que los estudiantes no son solo consumidores de información, sino discípulos en formación, y en que la educación es una de las maneras en que la Iglesia participa en la labor continua de capacitar a los santos para la misión de Dios en el mundo.

Estructuración de cursos para la integración y la profundidad

La estructura de un curso teológico es mucho más que un marco logístico: es un ritmo formativo que moldea la experiencia del alumno a lo largo del tiempo. Así como la liturgia proporciona una estructura para el culto que invita a participar en la historia de Dios, un curso bien diseñado guía a los estudiantes en un camino de crecimiento intelectual, espiritual y ministerial. Este camino debe ser intencional, fundamentado en la visión teológica del curso y con un ritmo que fomente tanto la reflexión profunda como el dominio progresivo. La estructura debe llevar a los estudiantes desde los conceptos fundamentales hacia tareas más complejas como el análisis crítico, la aplicación contextual y la síntesis teológica creativa.

Un curso teológico eficaz debe reflejar el movimiento cognitivo de la Taxonomía de Bloom, que parte de recordar y comprender, aplica, analiza, evalúa y, finalmente, crea. Cada fase requiere diferentes tipos de participación y apoyo. Al principio del curso, los estudiantes podrían necesitar herramientas que les ayuden a acceder y organizar los conocimientos fundamentales, como resúmenes de teología histórica, cronologías generadas por IA o breves explicaciones de términos doctrinales. A medida que los estudiantes avanzan hacia etapas más avanzadas, la estructura debe invitarlos a afrontar la complejidad: explorar casos prácticos éticos, abordar diversas perspectivas teológicas e integrar su aprendizaje con la práctica pastoral.

La IA puede integrarse cuidadosamente en esta estructura para apoyar, pero no dominar, el proceso de aprendizaje. En las etapas iniciales, las herramientas de IA pueden proporcionar guías de lectura que ayuden a los estudiantes a comprender textos densos o generar recursos visuales que identifiquen los marcos teológicos. En las etapas intermedias, las simulaciones de rol impulsadas por IA pueden permitir a los estudiantes ensayar encuentros pastorales o resolver dilemas ministeriales. En etapas posteriores, los estudiantes pueden usar la IA para generar ideas para bosquejos de sermones, redactar propuestas teológicas o colaborar en proyectos creativos que respondan a problemas contemporáneos. El objetivo no es dejar que la IA dicte la estructura, sino incorporarla de forma que mejore el aprendizaje y apoye la reflexión espiritual.

Igualmente importantes son los momentos que se resisten intencionalmente a la velocidad y la automatización de la IA. Un curso teológico debe incluir tiempo y espacio para la contemplación, la oración, el diálogo entre compañeros y la presencia corporal. El silencio, el lamento, el culto comunitario y la reflexión espiritual guiada son tan esenciales para el aprendizaje como los libros de texto o los foros de discusión. Estas prácticas arraigan a los estudiantes en la realidad encarnacional de la formación teológica y sirven como contrapunto a la naturaleza incorpórea de la interacción digital.

En definitiva, estructurar bien un curso teológico es un acto de cuidado pastoral. Refleja el compromiso de guiar a los estudiantes a través de una experiencia integral de conocimiento, ser y hacer. Al equilibrar las posibilidades de la IA con las prácticas irremplazables de la comunidad, la reflexión y la mentoría, los educadores pueden crear cursos que no solo informan, sino que transforman, formando estudiantes capacitados para servir a la Iglesia y al mundo con sabiduría, humildad e imaginación.

Diseñando evaluaciones con integridad e imaginación

La evaluación no es simplemente una forma de medir lo que los estudiantes han aprendido, sino una oportunidad para invitarlos a una mayor participación, reflexión y síntesis. En la educación teológica, las evaluaciones tienen un doble propósito: evalúan la competencia académica y fomentan el crecimiento espiritual y ministerial. Para ser eficaces, las evaluaciones deben estar alineadas con los objetivos teológicos y formativos del curso. Deben ir más allá de evaluar la memoria o recompensar respuestas preconcebidas; deben desafiar a los estudiantes a integrar su aprendizaje, reflexionar críticamente y aplicar la sabiduría teológica en contextos reales.

El auge de la IA presenta tanto un desafío como una oportunidad en el diseño de evaluaciones. Por un lado, la facilidad con la que los estudiantes pueden generar respuestas asistidas por IA plantea interrogantes sobre la autoría, la originalidad y la integridad intelectual. Por otro lado, la IA puede servir como complemento en la evaluación formativa, ofreciendo retroalimentación de bajo riesgo, ayudando a los estudiantes a ensayar argumentos o proporcionando herramientas para explorar escenarios pastorales. La tarea del educador es garantizar que las evaluaciones no se deleguen fácilmente a máquinas, sino que requieran perspicacia humana, discernimiento espiritual y aplicación contextual.

Un enfoque consiste en diseñar evaluaciones profundamente personalizadas y contextualizadas. Por ejemplo, en lugar de pedir a los estudiantes que escriban un ensayo genérico sobre teorías de la expiación, el instructor podría pedirles que reflexionen sobre cómo dichas teorías influyen en su enfoque de la atención pastoral en un ministerio orientado al trauma. En lugar de realizar exámenes de opción múltiple, los educadores pueden asignar reflexiones teológicas sobre acontecimientos actuales, bosquejos de sermones para comunidades o estudios de caso que requieran un discernimiento ético basado en las Escrituras y la tradición. Este tipo de evaluaciones resiste la automatización y fomenta el pensamiento teológico encarnado.

La IA puede contribuir a este proceso. Puede utilizarse para generar escenarios simulados para el análisis de los estudiantes, ofrecer retroalimentación gramatical o estructural sobre borradores o ayudarles a visualizar conceptos teológicos de forma comparativa. Sin embargo, las evaluaciones sumativas —aquellas que determinan el dominio final— deben basarse en la interacción humana y el discernimiento espiritual. Los educadores pueden incluir exámenes orales, retroalimentación entre compañeros o autobiografías espirituales que reflejen la trayectoria del estudiante a lo largo del curso.

Además, integrar prácticas reflexivas en la evaluación puede aumentar tanto la responsabilidad como la profundidad. Se podría pedir a los estudiantes que describan cómo usaron las herramientas de IA en el proceso de aprendizaje, qué aprendieron a través de esa interacción y cómo esta influyó en su comprensión de la teología, el ministerio o la ética. Este tipo de reflexión metacognitiva fomenta la transparencia y anima a los estudiantes a pensar teológicamente no solo sobre su materia, sino también sobre su uso de la tecnología.

En definitiva, la evaluación en la educación teológica es una extensión del llamado del educador: formar, no solo calificar; equipar, no solo evaluar. Al diseñar evaluaciones imaginativas, rigurosas y con fundamento espiritual, los educadores ayudan a los estudiantes a convertirse no solo en mejores pensadores, sino también en discípulos más fieles y líderes con discernimiento.

Apoyando la formación espiritual y ministerial

En el corazón de la educación teológica se encuentra la sagrada labor de la formación: cultivar no solo mentes informadas, sino vidas transformadas. Si bien el conocimiento académico y el pensamiento crítico son esenciales, son insuficientes sin el desarrollo de la madurez espiritual, la sensibilidad pastoral y la claridad vocacional. En cada curso, los educadores deben crear intencionalmente espacios para que los estudiantes crezcan en su relación con Dios, profundicen su llamado al ministerio y participen en prácticas que fomenten la sabiduría, la humildad y el amor al prójimo. Esta tarea se vuelve aún más urgente en una era donde las herramientas digitales, incluida la IA, pueden dominar fácilmente el entorno de aprendizaje y desplazar las prácticas de formación presenciales.

Para apoyar la formación espiritual y ministerial, el diseño del curso debe integrar la reflexión teológica con el discipulado vivido. Esto implica estructurar oportunidades de oración, ejercicios espirituales guiados, culto comunitario y discernimiento vocacional. Incluye tareas que invitan a los estudiantes a reflexionar sobre su propia vida espiritual, considerar las implicaciones pastorales de lo que están aprendiendo e interactuar con mentores, compañeros y comunidades de fe locales. La formación práctica, la dirección espiritual, el diálogo en grupos pequeños y las experiencias de inmersión siguen siendo esenciales, consolidando a los estudiantes en las dimensiones relacionales y encarnacionales del ministerio cristiano.

La integración de la IA en el entorno de aprendizaje presenta tanto oportunidades como tensiones. Por un lado, la IA puede ayudar con tareas prácticas, ofreciendo resúmenes de textos espirituales, facilitando recordatorios para el diario o simulando conversaciones pastorales para la práctica y la crítica. También puede ampliar el acceso a recursos teológicos para estudiantes en contextos aislados o desfavorecidos. Por otro lado, la IA no puede replicar la labor sagrada de la formación espiritual. No puede orar con un estudiante, ofrecer una presencia compasiva en el sufrimiento ni discernir la acción del Espíritu en un momento de crisis. No puede enseñar a los estudiantes a escuchar con atención, a sobrellevar las cargas ni a amar a pesar de las diferencias. Estas prácticas deben ser encarnadas, relacionales y arraigadas en los ritmos de la Iglesia.

Por lo tanto, en los cursos con IA, los educadores deben estar especialmente atentos para garantizar que la interacción digital no eclipse la atención espiritual. Las tareas y el ritmo del curso deben llevar a los estudiantes de vuelta al silencio, a la Escritura, a la conversación con otros y a la presencia de Dios. Deben preguntarse no solo "¿Qué aprendí?", sino también "¿Cómo me está formando Dios a través de este aprendizaje?" y "¿En qué tipo de líder me estoy convirtiendo?". La formación no es un subproducto de la educación; es el objetivo. Y ese objetivo debe seguir siendo central, incluso en medio del cambio tecnológico.

En resumen, los educadores teológicos deben actuar como guías espirituales, no solo como diseñadores de contenido. Deben modelar los hábitos del alma que esperan cultivar en sus estudiantes y diseñar cursos que fomenten la confianza, la vulnerabilidad, la reflexión y la transformación. Cuando la IA se utiliza con discernimiento y humildad, junto con prácticas de fe encarnadas, puede apoyar, en lugar de obstaculizar, la profunda labor de asemejarnos a Cristo por el bien del mundo.

Conclusión: Un curso es un camino de formación

Un curso teológico nunca es un mero ejercicio académico. Es un espacio sagrado donde se agudizan las mentes, se conmueven los corazones y se clarifican los llamados. Cada curso ofrece un camino: una estructura intencional mediante la cual se invita a los estudiantes a crecer en sabiduría, profundizar su amor a Dios y prepararse para un servicio fiel en el mundo. Diseñar un curso así no es una tarea que deba tomarse a la ligera; es un acto de arquitectura espiritual. El educador no construye solo un programa de estudios, sino un contexto para el encuentro con las Escrituras, la tradición, la comunidad y el Cristo vivo.

En un mundo cada vez más influenciado por la inteligencia artificial, el diseño de cursos debe estar a la altura del reto de integrar nuevas herramientas sin perder la esencia de la formación teológica. La IA puede ayudar a los educadores y enriquecer las experiencias de los estudiantes, pero siempre debe ser su servidor, nunca su amo. Puede mejorar el aprendizaje, proporcionar accesibilidad y fomentar la participación, pero no puede reemplazar el poder formativo de la presencia humana, la mentoría pastoral y el discernimiento comunitario. Los educadores deben seleccionar sus cursos con cuidado y devoción para garantizar que la tecnología esté al servicio de la misión, no que la distraiga.

Un curso teológico bien diseñado va más allá de impartir contenido; forma el carácter. Invita a los estudiantes no solo a pensar críticamente, sino también a vivir con fe. Los desafía a conectar la teología con sus propias historias, sus comunidades y las necesidades del mundo. Este tipo de curso requiere una profunda intencionalidad: atención a los resultados de aprendizaje que moldean la mente y el corazón, estructuras que fomentan la profundidad y la reflexión, evaluaciones que incitan a la integración y la creatividad, y ritmos que priorizan la formación espiritual y ministerial.

En definitiva, la educación teológica es un camino de transformación. Cada curso es un paso en ese camino, y su diseño es crucial. Al explorar las nuevas fronteras tecnológicas, debemos hacerlo con la convicción de que la formación —la formación real, guiada por el Espíritu y centrada en Cristo— no puede automatizarse. Debe cultivarse, nutrirse y protegerse. Y es en esta sagrada responsabilidad donde los educadores teológicos encuentran su vocación más profunda: moldear no solo lo que los estudiantes saben, sino también en quiénes se convertirán.

Capítulo 5
Cultivando la alfabetización en IA en estudiantes y profesores de teología

Introducción: El discipulado en la era digital

Vivimos en un momento de profunda transformación tecnológica. La inteligencia artificial ya no es dominio exclusivo de laboratorios de investigación distantes ni de la ciencia ficción especulativa; está integrada en nuestra vida cotidiana. Determina cómo nos comunicamos, buscamos información, compramos, estudiamos e incluso oramos. En esta era digital, donde los algoritmos median cada vez más nuestra interacción con el mundo, la Iglesia debe responder no solo con conciencia, sino también con profundidad teológica y sabiduría pastoral. La educación teológica se encuentra en una encrucijada crucial: o prepara a estudiantes y profesorado para abordar estos cambios con reflexión, o corre el riesgo de volverse irrelevante ante los verdaderos desafíos del ministerio y la formación en el siglo XXI.

La alfabetización en IA se ha convertido en una parte esencial de la formación teológica, no solo como una habilidad técnica, sino como una nueva dimensión del discipulado. Los estudiantes que se preparan para el ministerio deben estar capacitados para comprender cómo la IA afecta el comportamiento, las relaciones e incluso las prácticas espirituales humanas. Deben ser capaces de discernir cuándo la IA puede contribuir a los propósitos del ministerio y cuándo puede distorsionarlos. Asimismo, el profesorado debe estar preparado para guiar a los estudiantes en este terreno

47

cambiante, integrando la tradición teológica con las realidades tecnológicas contemporáneas. En ambos casos, el objetivo no es solo el dominio de las herramientas, sino el cultivo de la sabiduría: la sabiduría que reconoce lo que significa ser humano en un mundo cada vez más moldeado por las máquinas.

Este capítulo aborda la urgente necesidad de cultivar la alfabetización en IA en las instituciones teológicas. Explora cómo se manifiesta la alfabetización en IA en contextos teológicos, por qué el discernimiento debe guiar su uso, cómo integrarla en el currículo y qué tipo de desarrollo docente y visión institucional se requieren para sustentar esta labor. La integración de la IA en la educación teológica no se trata de mantenerse al día con las tendencias, sino de formar líderes que puedan servir fielmente a la Iglesia en un mundo profundamente influenciado por la tecnología. En definitiva, este capítulo trata sobre la formación: la formación de personas reflexivas, éticas y con una sólida base espiritual, capaces de pensar críticamente y liderar con valentía en la era digital.

Definición de la alfabetización en IA para contextos teológicos

La alfabetización en inteligencia artificial, entendida desde una perspectiva teológica, debe ir mucho más allá de la competencia técnica. No se trata simplemente de la capacidad de usar herramientas de IA con eficacia o de navegar con seguridad en las plataformas digitales. En cambio, la alfabetización en IA en la educación teológica implica la capacidad de pensar teológicamente sobre la presencia y el poder de la IA en nuestras vidas, de reflexionar críticamente sobre sus implicaciones culturales y éticas, y de interactuar con ella de maneras basadas en la sabiduría de la tradición cristiana. En resumen, la alfabetización en IA es una forma de discernimiento teológico, arraigada en una sólida comprensión de la dignidad humana, la vocación y los propósitos de la educación y el ministerio.

En este contexto, la alfabetización en IA incluye la capacidad de plantear preguntas fundamentales: ¿Cómo influye la IA en nuestra comprensión del conocimiento, la comunidad y la autoridad? ¿Qué suposiciones establece sobre el significado de ser humano? ¿Cómo podría su uso influir en las prácticas espirituales, la atención pastoral o las relaciones eclesiales? Estas no son preocupaciones abstractas. Son profundamente relevantes para los estudiantes que se preparan para la vida ministerial y académica en un mundo donde la IA ya influye en la forma en que las personas buscan significado, se relacionan e incluso interpretan las Escrituras. Por lo tanto, la alfabetización en IA capacita a los estudiantes no solo para desenvolverse en un mundo digital, sino también para liderar en él, ofreciendo una presencia cristiana reflexiva, fiel y crítica.

Para los estudiantes, la alfabetización en IA implica desarrollar la capacidad de usar las herramientas de IA de forma inteligente y ética en contextos como la preparación de sermones, la redacción teológica, la investigación y la planificación ministerial. Implica saber cuándo la IA puede ser útil — como resumir un texto teológico complejo o simular un escenario de consejería pastoral— y cuándo su uso puede perjudicar el proceso de aprendizaje o la relación pastoral. Para el profesorado, la alfabetización en IA implica la capacidad de diseñar cursos que fomenten una participación responsable, evaluar el trabajo de los estudiantes considerando las capacidades de la IA y reflexionar sobre cómo las tecnologías digitales se relacionan con el contenido teológico y la pedagogía.

En todos los niveles, la alfabetización en IA debe anclarse en una visión teológica de los seres humanos como criaturas creadas a imagen de Dios, llamadas a administrar el conocimiento, practicar el discernimiento y encarnar el amor en comunidad. Debe estar moldeada por las doctrinas de la creación, la encarnación y la escatología, que nos recuerdan que la sabiduría no es algorítmica, que la verdad es más que datos y que la formación se da en presencia de otros y ante Dios. Sin esta base, la alfabetización en IA corre el riesgo de convertirse en una mera competencia técnica en lugar de un medio de madurez espiritual y compromiso ético.

Enseñar discernimiento, no sólo técnica

En la educación teológica, el objetivo nunca es simplemente transmitir competencia técnica, sino cultivar el discernimiento. Lo mismo debe aplicarse a la inteligencia artificial. Enseñar a estudiantes y profesores cómo usar la IA es importante, pero insuficiente por sí solo. La tarea más importante es ayudarlos a desarrollar la sabiduría para saber cuándo y por qué usar la IA, y cuándo y por qué abstenerse. El discernimiento, en este contexto, no se trata de miedo o rechazo, ni de entusiasmo acrítico. Se trata de prestar atención a las formas en que la tecnología moldea el pensamiento, el comportamiento y la comunidad humana, y de alinear nuestro uso de la IA con los valores del Evangelio y los propósitos de la formación teológica.

La IA invita a la eficiencia, la velocidad y la comodidad. Pero la vida de fe a menudo exige lentitud, atención y vulnerabilidad. Por lo tanto, los educadores deben guiar a los estudiantes para que se planteen preguntas más profundas: ¿Qué significa aprender con integridad en una era de respuestas instantáneas? ¿Cómo puedo permanecer presente ante Dios y los demás cuando me tientan constantemente los atajos digitales? Cuando utilizo la IA para generar un esquema de sermón o un resumen teológico, ¿la utilizo para enriquecer mi trabajo o estoy evitando la difícil lucha de oración que a menudo requiere el verdadero aprendizaje?

Estas preguntas no pueden responderse con una lista de qué hacer y qué no hacer. Deben explorarse mediante la reflexión, el diálogo comunitario y la experimentación guiada. Prácticas en el aula como ensayos de reflexión teológica, conversaciones estructuradas sobre la ética del uso de la IA o compromisos comunitarios con la autoría honesta pueden propiciar este tipo de discernimiento. Los educadores también pueden ser un ejemplo de transparencia narrando su propia experiencia de aprendizaje con la IA, compartiendo dónde les ha resultado útil, dónde se mantienen cautelosos y cómo lidian con sus implicaciones teológicas.

El discernimiento también se moldea mediante la práctica espiritual. La oración, la lectura de las Escrituras, el silencio y la adoración conforman la vida interior de la que brota una interacción inteligente con la tecnología. Sin estas prácticas, el uso de la IA, incluso en entornos teológicos, puede rápidamente desvirtuarse y desvincularse de las verdades que debe servir. Pero cuando estudiantes y profesores se basan en la reflexión orante y en la búsqueda comunitaria de la verdad, están mejor preparados para evaluar la influencia de la IA en su pensamiento, sus relaciones y su ministerio.

En definitiva, enseñar discernimiento significa cultivar una postura específica: una postura de humildad, curiosidad y responsabilidad. Implica formar líderes que no solo sean capaces de usar la tecnología, sino también lo suficientemente valientes para cuestionarla, lo suficientemente sabios para limitarla y lo suficientemente imaginativos para redirigirla hacia fines que glorifiquen a Dios y sirvan a la Iglesia. La IA puede ofrecer herramientas, pero es el discernimiento el que garantiza que esas herramientas nos sirvan en lugar de moldearnos.

Incorporar la alfabetización en IA al currículo

La alfabetización en IA en la educación teológica no puede limitarse a una asignatura optativa ni a un seminario puntual. Para formar líderes cristianos capacitados para ministrar en un mundo cada vez más influenciado por la inteligencia artificial, debe integrarse cuidadosamente en todo el currículo. Esta integración implica más que ofrecer formación técnica; requiere integrar la reflexión teológica sobre la IA en las disciplinas fundamentales de los estudios bíblicos, la teología, la ética, la atención pastoral y el ministerio práctico. La alfabetización en IA se vuelve más formativa cuando se conecta con la esencia misma de lo que la educación teológica busca: preparar líderes sabios, perspicaces y guiados por el Espíritu para la Iglesia y el mundo.

En estudios bíblicos, los estudiantes pueden explorar cómo las herramientas de traducción asistida por IA se comparan con los métodos interpretativos tradicionales, lo que plantea preguntas sobre la naturaleza de la autoridad textual, el significado y los matices culturales. En cursos de teología, pueden examinar cómo las doctrinas de la imagen de Dios, la encarnación o la escatología influyen en nuestra comprensión de la inteligencia artificial y la singularidad humana. En cursos de ética, los estudiantes pueden abordar cuestiones de sesgo, vigilancia, ética de datos y el impacto social de la IA en comunidades marginadas. En clases de atención pastoral o consejería, pueden interactuar con herramientas emergentes basadas en IA para el apoyo a la salud mental, preguntándose qué significa cuidar las almas en la era de los algoritmos.

Las clases de homilética y formación espiritual también ofrecen un terreno fértil. Los estudiantes pueden reflexionar sobre el uso de la IA en la preparación de sermones, evaluando sus fortalezas y limitaciones, y desarrollar prácticas para mantener la autenticidad, la oración y la integridad pastoral cuando se utilizan herramientas digitales. Las clases de formación pueden guiar a los estudiantes a escribir un diario sobre su relación con la tecnología, mencionando cómo afecta su vida de oración, su sentido de presencia y su comprensión de la vocación. Estas conversaciones no deben ser compartimentadas. Deben ser continuas, contextualizadas y conectadas con la experiencia vivida de la Iglesia en la era digital.

Este nivel de integración curricular requiere colaboración. El profesorado de distintas disciplinas debe colaborar para identificar objetivos comunes, desarrollar módulos interdisciplinarios y crear espacios para que los estudiantes conecten su aprendizaje en diferentes áreas de estudio. Las colaboraciones con departamentos de filosofía, comunicación o informática (cuando estén disponibles) pueden enriquecer estos esfuerzos, ofreciendo una perspectiva crítica sobre la mecánica de la IA, manteniendo al mismo tiempo la centralidad de la reflexión teológica y pastoral.

En definitiva, integrar la alfabetización en IA en el currículo es un acto de administración. Reconoce que la educación teológica prepara a los estudiantes no para el mundo que fue, sino para el mundo que es y será. Al integrar la investigación relacionada con la IA en la formación teológica, las instituciones pueden formar líderes no solo con conocimientos tecnológicos, sino también con una sólida base teológica, capaces de liderar la Iglesia con creatividad, valentía y sabiduría en una era de rápidos cambios.

Apoyo al desarrollo del profesorado y la visión institucional

La integración de la IA en la educación teológica no puede tener éxito sin el desarrollo intencional del profesorado. Los profesores no solo son expertos en contenido y facilitadores del aula, sino también guías espirituales y líderes institucionales, cuyo enfoque de la tecnología influye profundamente en la interacción de los estudiantes con ella. Sin embargo, muchos profesores se sienten poco preparados o reticentes ante la inteligencia artificial. Para algunos, el rápido ritmo del cambio tecnológico genera incertidumbre; para otros, las preocupaciones sobre la integridad académica, la coherencia teológica o la formación espiritual provocan resistencia. Las instituciones deben responder no con presión, sino con apoyo, creando espacios para que el profesorado aprenda, explore y reflexione dentro de un marco intelectualmente riguroso y con fundamento teológico.

El desarrollo del profesorado en torno a la IA no debe limitarse a la formación técnica, aunque esta es sin duda necesaria. Más importante aún, debe incluir tiempo y recursos para la indagación teológica, la experimentación colaborativa y la reflexión vocacional. Los talleres que reúnen al profesorado de distintas disciplinas para debatir las implicaciones de la IA en la pedagogía y la formación pastoral pueden fomentar la comprensión compartida y el apoyo mutuo. Los periodos sabáticos o las becas de investigación pueden capacitar al profesorado para investigar el papel de la IA en su propio campo y desarrollar enfoques innovadores para la integración en el aula. Los grupos de aprendizaje entre pares y los diálogos interdisciplinarios pueden fomentar una cultura de curiosidad y valentía, sustituyendo el miedo por una participación fiel.

Al mismo tiempo, el desarrollo del profesorado debe enmarcarse en una visión institucional más amplia. La alfabetización en IA no debe ser un proyecto individual ni el interés de unos pocos innovadores, sino un compromiso compartido que emana de la misión de la facultad de teología. Esta visión comienza con el liderazgo. Los rectores, decanos y comités académicos deben articular cómo la identidad teológica de la facultad influye en su postura hacia la tecnología. ¿Está la institución comprometida con el discernimiento en la era digital? ¿Considera la IA como una herramienta para apoyar la formación o como una amenaza que debe gestionarse? ¿Qué valores teológicos moldearán sus políticas sobre el uso de la IA, la ética de los datos, la honestidad académica y la pedagogía digital?

Estas preguntas deben responderse no de forma aislada, sino en comunidad. Las instituciones deben involucrar a estudiantes, exalumnos, pastores y miembros de la junta directiva en estas conversaciones, garantizando que las políticas y prácticas resultantes se basen en la experiencia ministerial vivida, así como en la reflexión teológica. Se deben desarrollar de forma transparente y revisar periódicamente directrices claras sobre el uso de la IA en los cursos, las expectativas de atribución y autoría, y los estándares de integridad y justicia en la adopción de nuevas herramientas. Estas políticas no deben ser meramente restrictivas, sino formativas, ayudando tanto a estudiantes como a docentes a crecer en sabiduría, integridad e imaginación teológica.

Apoyar al profesorado en esta labor no es solo una cuestión de desarrollo profesional, sino también de fidelidad institucional. Para que la educación teológica siga siendo receptiva, profética y transformadora en la era de la inteligencia artificial, sus educadores deben estar capacitados y capacitados para liderar el camino. El profesorado es el puente entre la tradición y la innovación, y las instituciones que inviertan en su desarrollo estarán mejor preparadas para servir a la Iglesia en los años venideros.

Conclusión: Sabiduría para una nueva era

A medida que la inteligencia artificial transforma nuestro panorama cultural, social e intelectual, la educación teológica se encuentra en un momento decisivo. La Iglesia no puede permitirse el lujo de la indiferencia ni la demora; debe responder con un compromiso reflexivo, claridad ética y convicción teológica. La alfabetización en IA no se trata simplemente de preparar a estudiantes y profesores para sobrevivir en un mundo saturado de tecnología, sino de capacitarlos para liderar con sabiduría, valentía e integridad. Se trata de formar personas capaces de navegar la era digital con discernimiento espiritual, capaces de distinguir entre las herramientas que sirven al evangelio y aquellas que lo socavan sutilmente, y capaces de modelar una forma de ser alternativa, arraigada en la comunión, la justicia y la esperanza.

Este tipo de formación no puede reducirse a un conjunto de habilidades o una lista de verificación. Requiere una visión holística del discipulado, que integre la tecnología en el horizonte más amplio de los propósitos redentores de Dios. La alfabetización en IA, en su máxima expresión, ayuda a estudiantes y educadores a ver con nuevos ojos: a reconocer dónde la IA mejora el ministerio y el aprendizaje, dónde amenaza con deformar nuestras prácticas y dónde exige resistencia profética. Fomenta la humildad ante la complejidad, la valentía ante el cambio y la creatividad ante la automatización. Sobre todo, nutre la fidelidad: fidelidad al llamado de Dios, a la misión de la Iglesia y a la formación de comunidades marcadas por el amor y la verdad.

En este sentido, la alfabetización en IA no es un complemento opcional a la educación teológica. Es una dimensión de nuestro llamado a formar discípulos capaces de enseñar, predicar, aconsejar y liderar en el mundo real —este mundo— donde los algoritmos ya influyen en cómo las personas piensan, aprenden y se relacionan. Si no formamos a nuestros estudiantes para que se involucren teológicamente en este mundo, corremos el riesgo de enviarlos al ministerio sin la preparación ni las herramientas necesarias. Pero si lo hacemos, si les enseñamos a reflexionar críticamente, vivir con ética y pensar teológicamente sobre la IA, estaremos contribuyendo a formar líderes capaces de encarnar el evangelio en un mundo que la IA está ayudando a crear.

El futuro de la educación teológica depende de estos líderes: líderes capaces de enseñar con sabiduría, pastorear con discernimiento y dar testimonio con gracia. Al formarlos, participamos en la obra del Espíritu de preparar a la Iglesia para lo que nos espera. No se trata de una tarea técnica, sino de una profunda teología. Y comienza con un compromiso renovado con la verdad, el amor y el uso sabio y espiritual de cada herramienta que se nos ha confiado, para la gloria de Dios y el bien del mundo.

Capítulo 6
Herramientas y estrategias de IA para habilidades de pensamiento de orden inferior

Introducción

En la educación teológica, el desarrollo intelectual y espiritual depende de una sólida comprensión de los conocimientos fundamentales. Antes de que los estudiantes puedan analizar doctrinas, aplicar las Escrituras al ministerio o evaluar argumentos teológicos, deben desarrollar un dominio práctico de términos, textos y categorías básicos. Estas habilidades de pensamiento de orden inferior, en particular la memorización y la comprensión, constituyen los cimientos esenciales para un aprendizaje más complejo. No son meras etapas preparatorias que se deben superar apresuradamente, sino dimensiones esenciales del aprendizaje que proporcionan el andamiaje para el pensamiento crítico, la formación espiritual y el ministerio fiel.

La inteligencia artificial ofrece nuevas oportunidades para apoyar estos procesos de pensamiento de orden inferior. En una época en la que los estudiantes están inundados de información, las herramientas de IA pueden proporcionar claridad, estructura y refuerzo personalizado. La IA puede ayudar a los estudiantes a recordar términos teológicos clave, practicar la memorización de las Escrituras, resumir textos complejos y visualizar relaciones doctrinales. Si se utilizan con cuidado, estas tecnologías pueden aliviar parte de la carga cognitiva que conlleva el estudio teológico introductorio.

Este capítulo explora cómo la IA puede apoyar el desarrollo de habilidades de pensamiento de orden inferior en la educación teológica. Se centra en dos áreas críticas: recordar y comprender, y describe cómo herramientas emergentes como ChatGPT, generadores de tarjetas y cuestionarios basados en IA, y glosarios inteligentes pueden utilizarse para mejorar el aprendizaje. Si bien estas herramientas ofrecen posibilidades interesantes, deben implementarse con sabiduría pedagógica e intencionalidad teológica. La IA no reemplaza el estudio disciplinado, sino que es un complemento que, guiado por educadores reflexivos, puede reforzar el aprendizaje, despertar la curiosidad y sentar las bases para una reflexión teológica más profunda.

Recordando: Uso de IA para revisar términos teológicos, textos y ayudas para la memoria

La habilidad cognitiva de recordar es fundamental en la educación teológica, abarcando la capacidad de recordar hechos, términos y textos esenciales. Constituye la base de todo lo demás en el razonamiento teológico y la práctica ministerial. Los estudiantes deben aprender el vocabulario de la tradición —palabras como expiación, encarnación y escatología—, así como pasajes clave de las Escrituras, fechas históricas, figuras teológicas y formulaciones doctrinales. Lejos de ser un ejercicio mecánico, el acto de recordar en la educación teológica es una práctica profundamente formativa que permite a los estudiantes habitar el lenguaje de la fe, recordar la narrativa de las Escrituras y arraigar su pensamiento en la memoria compartida de la Iglesia.

La inteligencia artificial ofrece una asistencia eficaz para que los estudiantes internalicen este conocimiento fundamental. Herramientas de IA generativa como ChatGPT pueden generar tarjetas didácticas, cuestionarios o explicaciones de palabras clave personalizadas, alineadas con el programa de estudios o el libro de texto. Un estudiante que se prepara para un examen de historia eclesiástica, por ejemplo, puede introducir una guía de estudio en una herramienta de IA y recibir una sesión de repaso personalizada, con ejemplos de definiciones, preguntas cortas y ejercicios de memoria. La IA también puede generar exámenes de práctica y cuestionarios adaptativos que desafían a los estudiantes a recordar información clave bajo un tiempo determinado, ayudándolos a desarrollar confianza y fluidez en la preparación para exámenes o en entornos ministeriales.

Además de la memoria lingüística, la IA puede facilitar la memorización de pasajes bíblicos y textos litúrgicos. Puede simular la memorización repetitiva, evaluar el reconocimiento mediante bancos de preguntas e incluso utilizar sistemas de repetición espaciada, una técnica basada en la evidencia para reforzar la retención de la memoria a largo plazo. Al monitorizar lo que un estudiante recuerda consistentemente frente a lo que olvida repetidamente, estas herramientas pueden optimizar el tiempo de estudio y aumentar la confianza.

Es importante destacar que la memorización en la educación teológica nunca es un fin. Siempre está al servicio de una comprensión, interpretación y formación más profundas. La IA, bien utilizada, puede apoyar este proceso al reforzar el conocimiento mediante la participación activa en lugar de la revisión pasiva. Sin embargo, es el educador quien define el propósito: no solo aprobar un examen, sino retener el lenguaje y la historia de la fe en la mente y el corazón. Recordar textos sagrados y términos teológicos forma parte de la formación que nos brinda la tradición cristiana, permitiendo a los estudiantes interiorizar su lenguaje, repasar sus verdades y participar más plenamente en la vida y el testimonio de la Iglesia.

Comprensión: IA generativa para resúmenes básicos, tarjetas didácticas y mapas conceptuales

La comprensión, como segundo nivel de la taxonomía de Bloom, se basa en la memoria, permitiendo a los estudiantes captar el significado, interpretar el contenido y expresar ideas teológicas con sus propias palabras. En un contexto teológico, comprender significa más que simplemente conocer términos o fechas; implica ser capaz de explicar su significado, cómo se relacionan entre sí y por qué son importantes para la fe y el ministerio. Los estudiantes deben aprender a articular las implicaciones de las doctrinas, parafrasear conceptos teológicos complejos y conectar las narraciones bíblicas con temas teológicos más amplios. Este nivel de comprensión es esencial para una participación fructífera en el diálogo en el aula, una predicación fiel y un liderazgo pastoral informado.

Las herramientas de IA generativa pueden facilitar el proceso de comprensión al ofrecer métodos interactivos e inmediatos para desglosar material complejo. Un estudiante podría usar ChatGPT para resumir una lectura compleja de Agustín o Barth en un lenguaje más accesible, o para explicar la relación entre la justificación y la santificación en diferentes tradiciones teológicas. Instruir a un modelo de IA para que genere un resumen y evaluar su claridad y precisión refuerza la comprensión al obligar a los estudiantes a identificar lo que aún comprenden y lo que no. Esta interacción puede ser iterativa, a medida que los estudiantes perfeccionan sus indicaciones o formulan preguntas de seguimiento para profundizar su comprensión del tema.

La IA también es particularmente eficaz en la creación de herramientas visuales que promueven la comprensión. Los mapas conceptuales, por ejemplo, permiten a los estudiantes ver cómo se interrelacionan las ideas, creando un marco mental especialmente útil al abordar temas teológicos desconocidos. La IA puede ayudar a generar estos mapas automáticamente, agrupando temas como los atributos de Dios, las etapas de la historia redentora o las conexiones entre doctrinas de diferentes denominaciones. Las tarjetas didácticas también se vuelven más eficaces cuando la IA las genera dinámicamente, se adaptan a las necesidades del estudiante y se organizan en torno a grupos temáticos en lugar de simplemente datos aislados.

Si bien la IA puede facilitar la comprensión, no puede sustituir el aprendizaje profundo que se logra mediante la reflexión espiritual, el debate en clase y la exploración comunitaria. La comprensión teológica implica no solo claridad intelectual, sino también atención espiritual: una apertura al misterio, la complejidad y la guía del Espíritu. Por lo tanto, la IA debe utilizarse no para acortar la comprensión, sino para fortalecerla: para ayudar a los estudiantes a desarrollar la confianza y la claridad conceptual que necesitan para profundizar en su camino teológico. Utilizada de esta manera, la IA se convierte en una herramienta no de simplificación, sino de iluminación, guiando a los estudiantes hacia una mayor comprensión y una convicción más profunda.

Herramientas: ChatGPT, generadores de cuestionarios con IA, glosarios con IA

Actualmente, existe una gama de herramientas de inteligencia artificial para apoyar las habilidades de pensamiento de orden inferior en la educación teológica, y su aplicación reflexiva puede mejorar significativamente el aprendizaje del estudiante. Entre las más destacadas se encuentra ChatGPT, un modelo de IA generativa capaz de producir textos coherentes y contextualizados. Los estudiantes pueden usar ChatGPT para aclarar definiciones de términos teológicos, generar tarjetas de ejemplo basadas en el contenido del curso o resumir ideas clave de las lecturas. Dado que la herramienta puede adaptar sus respuestas a indicaciones específicas, permite a los estudiantes abordar el material a su propio ritmo y nivel de comprensión. Por ejemplo, un seminarista de primer año que se enfrenta a la terminología cristológica por primera vez puede pedir a ChatGPT que defina la "unión hipostática" en términos sencillos, mientras que un estudiante más avanzado podría solicitar una comparación de las interpretaciones orientales y occidentales de dicha doctrina.

Los generadores de cuestionarios de IA representan otro recurso poderoso. Estas herramientas permiten a educadores y estudiantes ingresar un pasaje, una lectura o una lista de términos y generar diversos formatos de cuestionario: opción múltiple, completar espacios en blanco, verdadero/falso e incluso preguntas de respuesta corta. Al fomentar la práctica frecuente de pruebas de bajo impacto, los generadores de cuestionarios de IA ayudan a reforzar la memoria y a aumentar la confianza. Además, al poder regenerarse con nuevas preguntas cada vez, ofrecen infinitas oportunidades de repaso y práctica sin resultar repetitivos. Los instructores pueden usar estos cuestionarios para apoyar modelos de aula invertida o para proporcionar evaluaciones formativas que identifiquen áreas de confusión antes de las evaluaciones sumativas.

Los glosarios con IA ofrecen una tercera vía de apoyo. Estas herramientas digitales combinan listas de vocabulario tradicionales con funciones interactivas basadas en IA, como ejemplos de uso contextual, pronunciación por voz y visualizaciones en tiempo real. Para la formación teológica, esto significa que los estudiantes pueden interactuar con la terminología doctrinal, bíblica e histórica de forma multidimensional: observando cómo se usan los términos en diferentes sistemas teológicos, relacionándolos con pasajes bíblicos o rastreando la evolución de sus significados a lo largo del tiempo. Estas herramientas pueden integrarse en los sitios web de los cursos o en los sistemas de gestión del aprendizaje, lo que permite a los estudiantes explorar los términos a medida que los encuentran en las clases o lecturas.

Si bien cada una de estas herramientas es valiosa por sí sola, su mayor potencial reside en cómo se integran en el entorno de aprendizaje. Si se utilizan intencionalmente, pueden liberar espacio cognitivo para que los estudiantes se centren en la comprensión, en lugar de simplemente organizar el contenido. Permiten estrategias de repaso personalizadas que respetan los diferentes estilos de aprendizaje y niveles de preparación. Sin embargo, estas herramientas siempre deben enmarcarse en la visión pedagógica y teológica más amplia del educador. El objetivo no es simplemente facilitar el aprendizaje, sino hacerlo más significativo: apoyar el camino del estudiante hacia la formación de un líder con conocimientos teológicos, una base espiritual y sabiduría pastoral.

Conclusión

Las habilidades de pensamiento de orden inferior pueden parecer básicas, pero son esenciales para la estructura de la educación teológica. Sin la capacidad de recordar términos clave, comprender doctrinas centrales y reconocer patrones fundamentales, los estudiantes no están preparados para abordar las exigencias más complejas de la reflexión teológica, la evaluación ética y la aplicación pastoral. Estas primeras etapas del aprendizaje son donde comienza la alfabetización teológica: donde se forma el lenguaje, se internalizan los marcos conceptuales y se prepara el terreno intelectual para un crecimiento más profundo.

La inteligencia artificial, bien aprovechada, puede ser una fiel aliada en este proceso formativo. Ofrece herramientas personalizadas, escalables y dinámicas que apoyan el aprendizaje de los estudiantes en una amplia gama de áreas de contenido y niveles educativos. Desde la generación de tarjetas didácticas y glosarios interactivos hasta la creación de cuestionarios y la creación de mapas conceptuales, la IA puede reducir la sobrecarga cognitiva, mejorar la comprensión y liberar tiempo de clase para una mayor participación. Sin embargo, su verdadero valor no reside en su eficiencia, sino en cómo se integra en una pedagogía de la formación que prioriza la sabiduría sobre la velocidad, la integridad sobre la automatización y la relación sobre la conveniencia.

A medida que los educadores e instituciones teológicas continúan explorando el papel de la IA, deben hacerlo con discernimiento, asegurándose de que estas herramientas sirvan, en lugar de moldear, su visión del aprendizaje. La IA nunca debe ser un atajo que evite el arduo trabajo del estudio, la memorización y la participación. En cambio, debe ser un acompañamiento que apoye a los estudiantes en su encuentro con la belleza, la complejidad y el desafío de la tradición cristiana. Cuando se enmarca en un propósito teológico y se utiliza con sensibilidad pastoral, la IA puede ayudar a los estudiantes a sentar las bases para una trayectoria de aprendizaje, ministerio y discipulado fieles que dure toda la vida.

Capítulo 7
La IA en el desarrollo de habilidades de pensamiento de orden superior

Introducción

Las habilidades de pensamiento de orden superior son fundamentales para la educación teológica. Estas habilidades —aplicar, analizar, evaluar y crear— llevan a los estudiantes más allá de la absorción de conocimientos, a una participación activa en las ideas teológicas y los contextos ministeriales. Representan una transición de lo conocido a lo que se puede hacer con ese conocimiento: aplicarlo a situaciones de la vida real, discernir patrones y tensiones dentro de los sistemas teológicos, sopesar argumentos con juicio crítico y producir nuevas expresiones de fe fundamentadas en el contexto, teológicamente coherentes y pastoralmente sensibles.

En una era marcada por la inteligencia artificial, estas habilidades de orden superior siguen siendo más importantes que nunca. Si bien la IA destaca en el almacenamiento de información y la generación de contenido, no puede reemplazar las facultades humanas de discernimiento moral, sabiduría espiritual o responsabilidad eclesial. Por lo tanto, los educadores teológicos no solo deben preservar estas habilidades, sino también encontrar nuevas maneras de cultivarlas. La IA puede ser una herramienta poderosa en este sentido si se emplea con criterio. Puede simular desafíos pastorales, ofrecer perspectivas teológicas comparativas entre tradiciones y proporcionar estímulos que estimulen la reflexión y el debate.

Este capítulo explora cómo la IA puede contribuir al desarrollo de un pensamiento de orden superior en los estudiantes de teología. Cada sección se centra en un dominio cognitivo de la taxonomía de Bloom (aplicación, análisis, evaluación y creación), demostrando cómo la IA puede funcionar como un andamio para una participación más profunda, en lugar de sustituir el pensamiento humano. Junto con estas posibilidades, el capítulo también aborda importantes advertencias sobre la autoría, la integridad y el papel formativo de la educación teológica. Al aprovechar las posibilidades que ofrece la IA, debemos hacerlo con un claro compromiso con la formación, garantizando que las herramientas tecnológicas sirvan, y no reemplacen, la labor profundamente humana, espiritual y comunitaria de la educación teológica.

Aplicación: Uso de IA para simular situaciones pastorales o tareas hermenéuticas

La aplicación del conocimiento es donde el aprendizaje teológico comienza a conectar con la experiencia vivida del ministerio. No basta con que los estudiantes reciten doctrinas o interpreten textos; deben aprender a incorporar las perspectivas teológicas en contextos prácticos y pastorales. Ya sea al abordar dilemas éticos, crisis congregacionales o predicar el evangelio en contextos culturales complejos, los estudiantes deben ser capaces de tomar lo estudiado y aplicarlo con sabiduría, compasión y conocimiento del contexto. Este es el momento en que la teología pasa de la abstracción a la acción.

La inteligencia artificial puede ser un aliado útil para cultivar esta capacidad. Las herramientas de IA pueden simular encuentros pastorales, como una visita al hospital, una reunión de resolución de conflictos o una conversación sobre el duelo, lo que permite a los estudiantes ensayar sus respuestas teológicas y pastorales. Estas simulaciones ofrecen oportunidades sencillas para practicar conversaciones difíciles y recibir retroalimentación constructiva. Un estudiante podría interactuar con un escenario de juego de roles impulsado por IA en el que aconseja a un congregante que lidia con una decisión moral, una duda teológica o una tragedia personal, lo que le impulsa a recurrir a las Escrituras, la doctrina y la sabiduría pastoral para responder con atención y claridad. De igual manera, la IA puede apoyar las aplicaciones hermenéuticas al ayudar a los estudiantes a trabajar con diversas perspectivas interpretativas. Por ejemplo, un estudiante podría introducir un pasaje bíblico y solicitar resúmenes o perspectivas interpretativas de la teología de la liberación, la teología feminista o enfoques histórico-críticos. Estas respuestas generadas por IA ofrecen puntos de comparación que los estudiantes deben abordar críticamente para discernir qué es útil, qué falta y cómo los diferentes métodos hermenéuticos configuran el significado. Esto no sólo agudiza sus habilidades interpretativas, sino que también profundiza su conocimiento de cómo funciona la teología contextualmente, dando forma tanto a la comprensión como a la práctica en diversos entornos ministeriales.

Sin embargo, si bien la IA puede ayudar a simular situaciones y ofrecer diversidad interpretativa, no puede reemplazar el profundo discernimiento espiritual y pastoral que requiere el verdadero ministerio. La verdadera aplicación implica más que simplemente elegir la respuesta correcta: requiere presencia, empatía, escucha y amor. Los educadores deben garantizar que la IA siga siendo una herramienta que apoye la formación, no una que la imite. Guiada por un sólido marco pedagógico, la IA puede ayudar a los estudiantes a conectar la doctrina con la vida, desarrollando la habilidad de discernir cómo las convicciones teológicas se traducen en acciones sabias en contextos ministeriales variados y, a menudo, impredecibles.

Análisis: Comparación de sistemas doctrinales con herramientas de análisis de IA

El análisis invita a los estudiantes a ir más allá de la simple aplicación del conocimiento teológico, a descomponerlo mediante el examen de su estructura, supuestos, implicaciones e interconexiones. Este nivel de pensamiento es crucial en la educación teológica, donde las doctrinas no solo se aprenden, sino que se evalúan en cuanto a su coherencia, fundamento bíblico y desarrollo histórico. Los estudiantes deben ser capacitados para preguntarse no solo qué cree un teólogo, sino también por qué, cómo se forman esas creencias y qué impacto tienen. El análisis revela los marcos subyacentes que configuran las afirmaciones teológicas, exponiendo las presuposiciones, la lógica interna y las implicaciones que a menudo permanecen ocultas bajo la superficie de una doctrina o argumento.

La inteligencia artificial ofrece herramientas convincentes para fomentar este nivel de participación. Los estudiantes pueden usar la IA para comparar sistemas doctrinales en paralelo, explorando cómo diversos teólogos, tradiciones o movimientos históricos abordan temas centrales como la cristología, la soteriología o la eclesiología. Gracias al procesamiento del lenguaje natural y al análisis semántico, la IA puede destacar distinciones clave en terminología, estructura, énfasis e incluso tono. Por ejemplo, un estudiante que compare las teologías reformada y wesleyana podría usar la IA para generar resúmenes de la perspectiva de cada tradición sobre la santificación, destacando cómo el énfasis reformado en la soberanía divina contrasta con el enfoque wesleyano en la cooperación humana en el proceso de santidad.

La IA también puede ayudar a los estudiantes a mapear visualmente los argumentos teológicos, ayudándoles a rastrear cómo se desarrollan las ideas en diferentes textos o tradiciones. Estas visualizaciones aclaran las relaciones entre los conceptos teológicos, como el impacto de la antropología en la cristología o cómo la escatología moldea la misión eclesial. Al descomponer sistemas complejos en partes y examinar cómo estas se integran, los estudiantes comienzan a ver la teología no como un conjunto de creencias aisladas, sino como un marco dinámico e interconectado. La IA, cuando se utiliza con cuidado, puede iluminar estos patrones y relaciones, proporcionando a los estudiantes una comprensión más clara de la complejidad teológica y una base más sólida para un compromiso crítico.

Sin embargo, es crucial que la IA siga siendo una herramienta de orientación y no un sustituto del razonamiento teológico. El análisis en teología no es una tarea puramente mecánica o computacional; se ve influenciado por el contexto, la tradición y las comunidades interpretativas que conforman nuestras formas de conocimiento. Los estudiantes deben aprender a incorporar sus propias preguntas, experiencias y compromisos teológicos al proceso analítico. Si se utiliza adecuadamente, la IA puede ayudar a los estudiantes a desarrollar su capacidad de discernimiento, agudizando su capacidad para identificar supuestos subyacentes, rastrear el razonamiento teológico y articular críticas fundamentadas de sistemas doctrinales complejos.

Evaluación: crítica de argumentos teológicos con apoyo de IA

La evaluación es una de las capacidades más vitales que la educación teológica busca cultivar. Implica la capacidad de emitir juicios informados sobre la coherencia, la credibilidad y las implicaciones de los argumentos teológicos, los marcos éticos y las estrategias ministeriales. Este nivel de pensamiento exige una reflexión crítica basada no en el escepticismo, sino en la diakrisis: un discernimiento espiritual que sopesa las afirmaciones de verdad considerando la Escritura, la tradición, la razón y la experiencia. Los estudiantes deben aprender a evaluar no solo si una afirmación teológica es lógicamente consistente o bíblicamente fundamentada, sino también si es pastoralmente responsable, históricamente fundamentada y refleja el carácter de Dios.

La inteligencia artificial puede contribuir al desarrollo de habilidades evaluativas al exponer a los estudiantes a diversas perspectivas sobre una cuestión teológica e invitarlos a evaluarlas considerando sus convicciones y tradición. Por ejemplo, un estudiante que estudia la doctrina de la expiación podría solicitar a una herramienta de IA que describa múltiples perspectivas (sustitución penal, Christus Victor, influencia moral) y luego evaluar su respaldo bíblico, implicaciones pastorales y coherencia teológica. Esta interacción anima al estudiante a sopesar no solo el contenido doctrinal de cada perspectiva, sino también cómo estas interpretaciones podrían influir en la predicación, el discipulado y la experiencia vivida del evangelio en diferentes contextos.

Además del análisis comparativo, la IA también puede ayudar a estructurar la escritura evaluativa. Un estudiante que prepara un documento de posición o un sermón puede usar la IA para revisar el flujo argumental, anticipar contrapuntos o evaluar la claridad de su razonamiento. Estas funciones no reemplazan la necesidad del pensamiento crítico, pero pueden ayudar a los estudiantes a ser más conscientes de las debilidades o suposiciones en su lógica. Además, al interactuar con contenido generado por IA que desafía su postura teológica, los estudiantes se ven impulsados a defender sus posiciones con mayor claridad, humildad y profundidad, refinando su capacidad para articular y justificar sus convicciones dentro de una conversación teológica más amplia.

Sin embargo, la evaluación siempre debe enmarcarse en un ethos más amplio de formación teológica. El objetivo no es simplemente "ganar" un argumento o crítica por sí mismo, sino alcanzar una comprensión más profunda de la verdad de Dios y sus implicaciones para el desarrollo humano. La IA no debe convertirse en una herramienta de polémica ni de exceso de confianza. Más bien, debe utilizarse para ampliar el pensamiento de los estudiantes, cultivar la humildad intelectual y fomentar el juicio sabio y orante que requiere el ministerio. Con el apoyo de una instrucción sabia y una comunidad de aprendizaje formativo, la evaluación asistida por IA puede convertirse en una parte significativa del proceso de aprendizaje teológico, formando a los estudiantes en profesionales reflexivos capaces de pensar críticamente, liderar con fidelidad y discernir con madurez espiritual.

Creación: Generar sermones, reflexiones teológicas o liturgias mediante indicaciones

La dimensión creativa de la educación teológica es donde los estudiantes comienzan a sintetizar lo aprendido en nuevas expresiones de fe, proclamación y práctica pastoral. Este nivel de pensamiento superior es profundamente formativo: desafía a los estudiantes a construir sermones que prediquen el evangelio con sensibilidad contextual, a escribir reflexiones teológicas que aborden cuestiones contemporáneas urgentes y a elaborar liturgias que inviten a las comunidades a un culto significativo. La creación no es una mera muestra de competencia académica o talento artístico; es un acto teológico que invita a los estudiantes a encarnar su aprendizaje de maneras que sirvan a la Iglesia, glorifiquen a Dios y se conecten con el mundo con la verdad y la gracia.

La inteligencia artificial puede ser un aliado valioso en este proceso creativo, ofreciendo herramientas que estimulan la imaginación, apoyan la estructura e invitan a la exploración. Por ejemplo, un estudiante podría solicitar a una herramienta de IA que genere diferentes bosquejos de sermones sobre la parábola del hijo pródigo, cada uno con un énfasis en un tema teológico distinto: la gracia, el arrepentimiento, la reconciliación o la justicia de Dios. Estos bosquejos ofrecen puntos de partida para que el estudiante considere cómo predicar un texto a diferentes públicos, ayudándolo a reflexionar sobre las diversas necesidades pastorales, contextos culturales y énfasis teológicos.

Asimismo, la IA puede apoyar la redacción de oraciones, llamados al culto y respuestas litúrgicas, ofreciendo modelos o adaptando formatos existentes a temas o contextos. Un estudiante que diseñe una liturgia para Pentecostés podría usar la IA para explorar diversos enfoques del día y generar un lenguaje acorde con el ethos de su comunidad. De esta manera, la IA puede actuar como interlocutor, ofreciendo sugerencias, presentando posibilidades y ampliando el vocabulario teológico y espiritual del estudiante mientras busca expresar su fe de maneras arraigadas e imaginativas.

Sin embargo, la creación en la educación teológica debe ser más que un resultado ingenioso: debe reflejar la integración de la Escritura, la tradición, la razón y la experiencia de maneras que sean personales y tengan raíces pastorales. Es necesario guiar a los estudiantes para que vayan más allá de los borradores generados por IA y se conviertan en un trabajo auténticamente suyo, moldeado por la oración, la reflexión y una profunda reflexión teológica. La IA puede ofrecer un andamiaje útil, pero es el estudiante quien debe construir la propuesta final: un sermón predicado con convicción, una oración forjada en la devoción personal o una reflexión teológica moldeada por un profundo compromiso con la Escritura y la comunidad.

Cuando se utiliza con sabiduría, la IA puede contribuir a fomentar la dimensión creativa de la formación teológica, ayudando a los estudiantes a asumir el riesgo de expresarse y a pasar de ser receptores pasivos a teólogos activos. Sin embargo, como siempre, el educador desempeña un papel crucial para garantizar que dicha creatividad no solo sea eficiente, sino también fiel, caracterizada por la profundidad teológica, la sensibilidad pastoral y la integridad espiritual.

Precauciones: Cómo distinguir entre la generación de IA y la autoría estudiantil

A medida que la inteligencia artificial se integra cada vez más en el trabajo académico y ministerial de los estudiantes de teología, se plantean importantes preguntas sobre la autoría, la integridad y la formación. Si bien la IA puede ayudar a los estudiantes en tareas creativas, analíticas y evaluativas, no debe oscurecer la distinción entre la aportación de apoyo y la responsabilidad personal. La educación teológica no se trata simplemente de producir contenido, sino de formar personas. Esto significa que el trabajo que los estudiantes presentan debe reflejar, en última instancia, su propio razonamiento teológico, discernimiento espiritual e integridad académica, moldeados a través del estudio personal, la reflexión y la interacción con su comunidad de aprendizaje.

Los educadores y las instituciones tienen la responsabilidad de establecer directrices claras que definan el uso apropiado de la IA. Estas directrices no deben ser excesivamente punitivas ni intimidatorias, sino formativas y transparentes, ayudando a los estudiantes a comprender cuándo y cómo las herramientas de IA pueden incorporarse éticamente en su proceso de aprendizaje. Por ejemplo, usar la IA para generar ideas para esquemas de sermones o resumir un texto teológico denso puede ser aceptable si forma parte de un proceso en el que el estudiante participa y discierne activamente, aportando su propia voz, interpretación y perspectiva teológica a lo largo del camino.

La transparencia es clave. Se debe animar a los estudiantes a revelar su uso de herramientas de IA, de la misma manera que citarían una fuente o reconocerían una conversación que influyó en su pensamiento. Esto fomenta una cultura académica basada en la confianza, donde el aprendizaje se valora no por su refinamiento, sino por su autenticidad. Además, la reflexión debe formar parte del proceso de aprendizaje: preguntar a los estudiantes no solo qué crearon, sino también cómo lo crearon y cómo la asistencia tecnológica influyó en sus decisiones teológicas, moldeó su comprensión o cuestionó sus suposiciones.

En última instancia, el objetivo de la educación teológica no es replicar información, sino formar líderes sabios, perspicaces y fieles capaces de pensar teológicamente en situaciones reales. Cuando los estudiantes externalizan completamente su pensamiento o creatividad a la IA, vulneran el proceso de formación que el estudio teológico pretende cultivar. Por lo tanto, el uso de la IA debe guiarse por un compromiso con la integridad, el crecimiento espiritual y la responsabilidad académica. Si se plantea con cuidado, la IA puede ser un valioso aliado en el aprendizaje, no como un sustituto del pensamiento humano ni del discernimiento espiritual, sino como una herramienta que apoya el crecimiento, fomenta la exploración y enriquece la formación teológica cuando se utiliza con integridad.

Conclusión: Formación de líderes teológicamente reflexivos en la era de la IA

La educación teológica siempre ha buscado ir más allá de la mera transferencia de información; busca la transformación de los estudiantes en líderes reflexivos, perspicaces y fieles de la Iglesia. Las habilidades de pensamiento de orden superior — aplicar, analizar, evaluar y crear— no son simplemente logros académicos; son actos de responsabilidad teológica. Moldean la manera en que los estudiantes predican, aconsejan, lideran y viven como portadores del evangelio en un mundo complejo. La inteligencia artificial, cuando se utiliza con sabiduría, puede apoyar este proceso formativo al ampliar el alcance de la instrucción, personalizar las experiencias de aprendizaje y brindar nuevas vías para que los estudiantes aborden el contenido teológico con profundidad y creatividad.

En cada ámbito del pensamiento complejo, la IA ofrece herramientas que impulsan a los estudiantes a reflexionar con mayor profundidad, a involucrarse con mayor amplitud y a expresarse con mayor claridad. Desde simulaciones de escenarios pastorales hasta análisis doctrinales comparativos, desde la evaluación crítica de argumentos hasta la expresión creativa en sermones y liturgia, la IA puede ayudar a los estudiantes a perfeccionar su voz y fortalecer su comprensión teológica. Sin embargo, estos beneficios solo se materializan cuando la tecnología contribuye a una visión más amplia de la formación: una que se centre en el cultivo de la sabiduría, la madurez espiritual y un profundo compromiso con la misión de la Iglesia en el mundo.

Como educadores, debemos guiar a los estudiantes no solo en el uso de la IA, sino también en cómo pensar con sabiduría, crear con integridad y evaluar con madurez espiritual. El futuro de la educación teológica se determinará no solo por las herramientas que usemos, sino por la fidelidad con la que formemos a los estudiantes para usarlas. En este sentido, la IA no es una amenaza para la formación teológica, sino una prueba para ella. Y cuando nuestra pedagogía se arraiga en el carácter de Cristo, la sabiduría de la tradición y el poder del Espíritu, es una prueba que estamos bien preparados para afrontar: formando líderes capaces de afrontar los desafíos del cambio tecnológico con fidelidad, claridad y gracia.

Capítulo 8
Modelos híbridos y en línea que utilizan IA

Introducción

El panorama de la educación teológica está cambiando rápidamente, moldeado por la convergencia de la innovación digital, las necesidades de accesibilidad global y las expectativas cambiantes de los estudiantes. Los modelos presenciales tradicionales, si bien siguen siendo valiosos, ya no son la única modalidad de formación, ni siquiera la principal, para muchos seminarios y escuelas de teología. Los modelos híbridos y en línea ahora sirven a un número creciente de estudiantes que buscan flexibilidad sin sacrificar la profundidad, la comunidad ni el rigor. En este contexto, la inteligencia artificial surge no como un sustituto del educador, sino como una herramienta que puede mejorar el acceso, personalizar el aprendizaje y apoyar la formación en diversos entornos digitales de aprendizaje.

El papel de la IA en este ecosistema educativo en evolución no se limita a la eficiencia o la conveniencia, sino a ampliar y enriquecer la misión formativa de las instituciones teológicas. Integrada con cuidado, la IA puede ayudar a los educadores a reimaginar estrategias pedagógicas, adaptar la entrega de contenido a estudiantes diversos y fomentar la participación dinámica en espacios digitales. También abre nuevas posibilidades para la formación espiritual y la preparación ministerial en entornos asincrónicos, interculturales y multimodales.

Este capítulo explora cómo la IA puede apoyar la educación teológica híbrida y en línea a través de tres áreas fundamentales: aulas invertidas, HyFlex y formatos asincrónicos; integración en sistemas de gestión del aprendizaje (LMS); y el diseño de una participación significativa del estudiantado mediante la colaboración digital, el debate y la mentoría. En lugar de considerar la IA como una amenaza para la enseñanza tradicional, este capítulo la presenta como un aliado en la sagrada tarea de la formación, una tarea que, guiada por la visión teológica y el discernimiento pastoral, puede mejorar la profundidad, la accesibilidad y la integridad relacional de la educación teológica.

A medida que la educación teológica se adapta a las realidades de un mundo cada vez más digital, las instituciones recurren a modelos híbridos y en línea para llegar a una población estudiantil más amplia y diversa. Si bien estos modelos ofrecen flexibilidad, accesibilidad e innovación, también plantean importantes cuestiones pedagógicas sobre la presencia, la participación y la formación. La inteligencia artificial, al integrarse con criterio, puede enriquecer estos modelos personalizando la instrucción, enriqueciendo la colaboración y creando nuevos espacios para la participación formativa que trascienden las fronteras del tiempo y el espacio.

Aulas invertidas

Las aulas invertidas, los formatos HyFlex y el aprendizaje asincrónico ofrecen una estructura única para impartir educación teológica más allá de la presencialidad tradicional. Entre ellas, la clase invertida ofrece un enfoque particularmente dinámico al reimaginar el uso del tiempo tanto dentro como fuera de clase. En lugar de depender de la clase magistral como modalidad principal de instrucción presencial, la clase invertida invita a los estudiantes a interactuar con contenido teológico —como videoconferencias, lecturas asignadas o recursos multimedia— antes de la clase, de modo que el tiempo de clase pueda dedicarse al aprendizaje activo mediante debates, estudios de casos, colaboración entre compañeros y aplicación pastoral.

La inteligencia artificial mejora significativamente el modelo de aula invertida, enriqueciendo tanto las experiencias de aprendizaje previas como las presenciales. Antes de la clase, las herramientas de IA pueden generar resúmenes concisos de las lecturas asignadas, lo que ayuda a los estudiantes a comprender los temas y argumentos esenciales. Los generadores de cuestionarios inteligentes pueden proporcionar evaluaciones formativas que miden la comprensión en tiempo real, permitiendo a los estudiantes identificar áreas de confusión y asistir a clase preparados con preguntas específicas. Estos cuestionarios pueden ser adaptativos, ajustando su dificultad según las respuestas de los estudiantes y ofreciendo explicaciones específicas que refuerzan conceptos teológicos clave o aclaran malentendidos en tiempo real.

Además, la IA puede ayudar a los instructores analizando las respuestas de los estudiantes al contenido previo a la clase, identificando tendencias de malentendidos o intereses, y capacitando al educador para adaptar las discusiones en clase según corresponda. Durante la clase, recursos basados en IA, como tutores teológicos por chat o simulaciones interactivas de escenarios, pueden apoyar a los estudiantes mientras trabajan en aplicaciones complejas de doctrina, ética o interpretación bíblica en grupo. En lugar de reemplazar al educador, estas herramientas amplían la capacidad de los instructores para fomentar una mayor participación, facilitar el aprendizaje personalizado y responder de forma más eficaz a las diversas necesidades y preguntas de sus estudiantes.

El aula invertida, al integrarse con la IA, se convierte en un espacio no solo de impartición de contenidos, sino también de construcción teológica activa. Apoya la transición de la recepción pasiva a la práctica dialógica, interpretativa y ministerial. Para la educación teológica, esto implica un mayor potencial para formar líderes no solo informados, sino también comprometidos, que aprenden a pensar críticamente, hablar con fidelidad y servir con sabiduría en la comunidad.

HyFlex (híbrido-flexible)

Los modelos HyFlex (Híbrido-Flexible) ofrecen a los estudiantes la posibilidad de participar en la educación teológica a través de múltiples modalidades —asistencia presencial, conexión en línea sincrónica o participación asincrónica— según su contexto, disponibilidad y preferencias de aprendizaje. Este formato es muy prometedor para seminarios y escuelas teológicas que buscan servir a un alumnado diverso y global, incluyendo pastores bivocacionales, estudiantes internacionales y personas con limitaciones familiares o ministeriales. HyFlex permite a los estudiantes elegir cómo participar cada semana —presencialmente, en línea en vivo o a través de contenido grabado e interactivo— sin sacrificar el acceso a la comunidad, la instrucción ni las experiencias de aprendizaje formativo.

La inteligencia artificial desempeña un papel fundamental en la complejidad de los entornos HyFlex. Dado que los estudiantes interactúan con el contenido y entre sí de diferentes maneras, la IA puede ayudar a los instructores a gestionar y conectar estas modalidades.

Por ejemplo, las herramientas de IA pueden generar automáticamente transcripciones o resúmenes de sesiones de clase en vivo, haciéndolos accesibles para estudiantes asincrónicos. La IA también puede ayudar a sintetizar los hilos de discusión de foros presenciales y en línea, garantizando que todas las voces, independientemente de su forma de participación, sean reconocidas, conectadas e integradas en la comunidad de aprendizaje más amplia.

Los instructores también pueden aprovechar las funciones de programación y recomendación de contenido basadas en IA para ofrecer itinerarios de aprendizaje personalizados. Por ejemplo, los estudiantes que se pierden una clase presencial podrían recibir materiales seleccionados por IA que se ajusten a su historial de aprendizaje o rendimiento, lo que les ayuda a mantenerse al día sin atrasarse. Estas herramientas ayudan a mantener la coherencia pedagógica en todos los formatos, respetando la flexibilidad que promete HyFlex.

Sin embargo, el uso de la IA en entornos HyFlex debe ir acompañado de un diseño intencional y una conciencia pastoral. No basta con garantizar la accesibilidad del contenido; también deben preservarse las dimensiones relacionales y formativas de la educación teológica. La IA puede apoyar, pero no reemplazar, la presencia del educador en cada modalidad, ya sea mediante la interacción personal en una sala de Zoom, la retroalimentación en una publicación del foro o la presencia de oración en el aula. Guiada por una visión de formación integral, la IA ayuda a mantener la coherencia, la accesibilidad y la profundidad relacional del aprendizaje HyFlex, garantizando que cada estudiante, independientemente de su forma de participación, se involucre en un proceso significativo de reflexión teológica y crecimiento espiritual.

Aprendizaje asincrónico

El aprendizaje asincrónico permite a los estudiantes abordar el contenido teológico según su propio horario, ofreciendo una flexibilidad especialmente valiosa para estudiantes adultos, estudiantes internacionales y quienes tienen responsabilidades ministeriales o familiares importantes. En este modelo, los materiales del curso (clases, lecturas, tareas y foros de discusión) están disponibles a través de una plataforma de aprendizaje, y los estudiantes tienen la libertad de interactuar con ellos dentro de plazos definidos. Si bien este modelo puede resultar aislado o excesivamente transaccional, también ofrece un gran potencial para la participación teológica reflexiva y autodirigida cuando se combina con un diseño intencional y el soporte tecnológico adecuado.

La inteligencia artificial puede mejorar significativamente el aprendizaje asincrónico al hacer que el contenido sea más interactivo, adaptable y receptivo al progreso de cada estudiante. Por ejemplo, la IA puede generar resúmenes o resaltar conceptos clave de textos teológicos complejos, lo que permite a los estudiantes comprender rápidamente las ideas esenciales antes de profundizar en ellas. También puede proporcionar retroalimentación automatizada sobre tareas o publicaciones de discusión, animando a los estudiantes a refinar su pensamiento y a participar más activamente con el material. Estas herramientas pueden proporcionar motivación, aclaración o desafío en tiempo real, ayudando a los estudiantes a mantenerse intelectualmente comprometidos y espiritualmente atentos incluso en ausencia de un aula presencial.

Otra ventaja de la IA en el aprendizaje asincrónico reside en su capacidad para monitorizar la participación y el compromiso. Al analizar las actividades de los estudiantes, como sus patrones de lectura, su rendimiento en los cuestionarios o sus contribuciones a los debates, la IA puede alertar a los instructores cuando los estudiantes puedan tener dificultades o estar desconectados. Esto permite a los educadores intervenir con apoyo oportuno, garantizando que el aprendizaje asincrónico no se vuelva pasivo ni desconectado. Al contrario, puede convertirse en un espacio enriquecedor y reflexivo donde los estudiantes tienen tiempo para procesar e interiorizar ideas teológicas, conectarlas con sus experiencias vividas y expresar su comprensión con mayor profundidad y claridad.

Quizás lo más importante es que la IA puede ayudar a preservar la profundidad teológica y formativa del aprendizaje asincrónico al facilitar oportunidades estructuradas para la reflexión, la integración espiritual y la conexión con la comunidad. Por ejemplo, los estudiantes podrían interactuar con un compañero de IA que les plantee preguntas teológicas semanales, los invite a reflexionar sobre sus experiencias ministeriales o les sugiera pasajes bíblicos relacionados con el tema de la semana. Si bien esta interacción es virtual, puede ser espiritualmente formativa al moldearse con sugerencias reflexivas, reflexión guiada e integración con prácticas comunitarias de adoración, oración y diálogo.

Cuando se combina con un diseño de curso cuidadoso y presencia pastoral, el aprendizaje asincrónico mejorado con IA puede ofrecer más que solo conveniencia: puede ser un modo de educación teológica espiritualmente significativo, que respeta los ritmos de la vida de los estudiantes mientras profundiza su compromiso con Dios, la Iglesia y el mundo.

Sistemas de gestión del aprendizaje (LMS)

Los Sistemas de Gestión del Aprendizaje (LMS) conforman la infraestructura digital de la mayoría de los programas teológicos híbridos y en línea. Plataformas como Canvas, Moodle o Blackboard organizan el contenido, gestionan la comunicación, dan seguimiento a las calificaciones y apoyan el progreso del estudiante. La integración de inteligencia artificial en estos sistemas añade una nueva capa de capacidad de respuesta, personalización y eficiencia docente que puede enriquecer la experiencia educativa tanto para estudiantes como para instructores.

La IA puede automatizar tareas administrativas rutinarias, como la calificación de exámenes, la señalización de tareas incompletas o el envío de recordatorios de fechas de entrega, lo que permite al profesorado centrarse en la mentoría y la guía espiritual. Pero más allá de la logística, la IA puede actuar como un aliado educativo dentro del entorno LMS. Por ejemplo, un asistente de IA integrado en un módulo del curso podría recomendar lecturas complementarias según el rendimiento del estudiante en un examen o proporcionar aclaraciones cuando este tenga dificultades con un concepto teológico. De esta manera, la IA se convierte en algo más que una herramienta de backend: se convierte en una presencia pedagógica que apoya el aprendizaje de los estudiantes en tiempo real, adaptándose a sus necesidades y reforzando conceptos clave a medida que avanzan en el curso.

Otra función clave de la IA en las plataformas LMS es el análisis de datos. Al rastrear patrones de interacción —como la frecuencia con la que los estudiantes inician sesión, dónde pasan la mayor parte del tiempo o qué recursos consultan —, las herramientas de IA pueden ayudar a los instructores a identificar a los estudiantes en riesgo o a adaptar la entrega de contenido para satisfacer mejor sus necesidades. Este tipo de información facilita un apoyo académico y pastoral oportuno, garantizando que los estudiantes no queden desatendidos en un entorno digital.

La IA también puede apoyar la evaluación formativa al ofrecer retroalimentación personalizada sobre tareas, publicaciones de discusión o reflexiones. En lugar de recibir únicamente evaluaciones al final del curso, los estudiantes pueden recibir información en tiempo real que guía su razonamiento y expresión teológica. Este ciclo de retroalimentación en tiempo real fomenta una mayor participación y refuerza el aprendizaje durante su desarrollo, no solo a posteriori.

En su máxima expresión, la integración de IA en entornos LMS crea un espacio educativo que no solo es eficiente, sino también formativo. Permite itinerarios de aprendizaje adaptativos, apoyo individualizado y una mayor presencia del profesorado, incluso a gran escala. Para la educación teológica, esto significa que las clases numerosas o geográficamente dispersas pueden seguir disfrutando de una participación enriquecedora, una instrucción adaptada y una formación espiritual personalizada.

Compromiso con el diseño: foros de discusión, compañeros de IA y trabajo colaborativo

Uno de los desafíos más urgentes de la educación teológica híbrida y en línea es fomentar la interacción significativa, tanto entre los estudiantes como con el material en sí. Sin los ritmos naturales de la conversación presencial ni las prácticas comunitarias, el aprendizaje en línea a veces puede resultar abstracto o desconectado. Sin embargo, con un diseño cuidadoso y el uso estratégico de la IA, los espacios digitales pueden convertirse en espacios de interacción vibrante, diálogo reflexivo y formación teológica colaborativa.

La IA puede mejorar los foros de discusión tradicionales generando propuestas que fomenten una reflexión más profunda, formulando preguntas que conecten el contenido del curso con la experiencia vivida, u ofreciendo reflexiones resumidas de conversaciones previas para mantener la coherencia de las discusiones. Estas propuestas inteligentes pueden ayudar a los estudiantes a ir más allá de las respuestas superficiales, impulsándolos a abordar las tensiones teológicas, citar fuentes con atención y reflexionar teológicamente sobre sus experiencias ministeriales. Además, la IA puede detectar patrones de desconexión, repetición o desequilibrio en la participación estudiantil, lo que permite a los instructores intervenir con retroalimentación oportuna o apoyo adicional para mantener un diálogo significativo.

Los acompañantes de IA (chatbots personalizados o tutores virtuales) también pueden servir como interlocutores formativos. Estas herramientas pueden programarse para simular un diálogo teológico, formular preguntas orientadoras u ofrecer retroalimentación personalizada. Por ejemplo, un estudiante podría interactuar con un acompañante de IA que le pida que articule las implicaciones de una doctrina cristológica para la atención pastoral o que compare perspectivas teológicas sobre un tema ético específico. Si bien estas conversaciones no sustituyen la mentoría presencial, pueden servir como valiosos complementos, ampliando el alcance de los instructores, fomentando la curiosidad teológica y ofreciendo a los estudiantes un espacio seguro para explorar ideas antes de incorporarlas a la comunidad de aprendizaje más amplia.

El trabajo colaborativo, que puede ser difícil de gestionar en formatos asíncronos o híbridos, también se ve facilitado por herramientas de IA que facilitan la programación, la comunicación y el flujo de trabajo. La IA puede contribuir a crear dinámicas de grupo equitativas mediante el seguimiento de la participación, la identificación de desequilibrios o la sugerencia de roles según las fortalezas e intereses. También puede ayudar a sintetizar las contribuciones compartidas en borradores para presentaciones grupales o declaraciones teológicas, agilizando el proceso sin eliminar la necesidad del juicio humano crítico, el discernimiento colaborativo y la reflexión teológica.

En definitiva, la participación no es solo una preocupación pedagógica, sino también teológica. La formación de ministros, académicos y líderes depende de la reflexión compartida, el apoyo mutuo y la conversación teológica. La IA, integrada con cuidado, puede apoyar esta participación creando puentes relacionales en espacios digitales, facilitando una colaboración significativa y llevando a los estudiantes a una comunión más profunda entre sí y con la verdad que estudian. El objetivo no es automatizar la conversación, sino cultivar espacios donde pueda florecer un diálogo teológico genuino; espacios que se enriquezcan, no se reemplacen, mediante la integración reflexiva de la IA.

Conclusión: Diseñar para la presencia, la formación y la innovación

La educación teológica se está transformando no solo por necesidad, sino también por posibilidad. Los modelos de aprendizaje híbridos y en línea, antes vistos como concesiones a la formación tradicional, ahora se están consolidando como espacios de auténtica profundidad académica y espiritual, especialmente cuando se guían por un diseño intencional y la imaginación teológica. La inteligencia artificial, al integrarse cuidadosamente, potencia las fortalezas de estas modalidades. Permite flexibilidad sin sacrificar el rigor, fomenta la conexión en la dispersión y apoya una formación intelectualmente rica y con una base espiritual.

Como hemos visto, la IA puede enriquecer las clases invertidas al apoyar la preparación y maximizar la participación presencial. Puede fortalecer HyFlex y los formatos asincrónicos al garantizar la coherencia pedagógica y preservar la presencia espiritual en múltiples entornos de aprendizaje. Mediante sistemas de gestión del aprendizaje y estrategias de participación cuidadosamente diseñadas, la IA se convierte en un aliado para fomentar la reflexión, la conversación y la colaboración, características distintivas de la formación teológica.

Aun así, el objetivo no es la sofisticación tecnológica por sí misma. La meta es crear entornos de aprendizaje que honren a la persona humana, sirvan a la misión de la Iglesia y cultiven la sabiduría para el ministerio en un mundo en constante cambio. Los instructores y las instituciones deben mantener una base teológica sólida y un discernimiento pedagógico, utilizando la IA no como un sustituto de la enseñanza relacional, sino como una extensión de esta. Cuando priorizamos la formación y utilizamos la IA para tal fin, creamos las condiciones para un entorno de aprendizaje donde la tecnología potencia, en lugar de eclipsar, la labor sagrada de la educación teológica.

Capítulo 9
Estudios de casos teológicos con IA

Introducción

La educación teológica no se trata solo de transmitir información, sino de formar ministros, académicos y líderes capaces de pensar críticamente, actuar con compasión y encarnar la sabiduría en la complejidad de la vida real. El aprendizaje basado en casos ha contribuido desde hace tiempo a este objetivo, sumergiendo a los estudiantes en situaciones que requieren discernimiento, integración de conocimientos e imaginación pastoral. En la era digital, la inteligencia artificial ofrece nuevas posibilidades para crear y abordar estudios de casos teológicos que exigen a los estudiantes interpretar, responder y liderar con profundidad teológica, desarrollando hábitos de sabiduría pastoral y teología práctica mediante el aprendizaje basado en escenarios.

La capacidad de la IA para simular situaciones con matices, representar voces diversas y procesar material teológico complejo la convierte en un aliado natural en la pedagogía basada en casos. Al no limitarse ya a descripciones estáticas de casos, los educadores ahora pueden diseñar experiencias dinámicas e interactivas que respondan a las elecciones de los estudiantes, modelen eventos históricos o generen analogías teológicas con precisión y profundidad. En diversas disciplinas, desde la atención pastoral hasta la exégesis bíblica, la IA puede ofrecer herramientas que fomentan una reflexión más profunda, amplían las perspectivas en diferentes tradiciones y contextos, y fomentan la imaginación teológica esencial para el ministerio fiel hoy.

Este capítulo explora cómo se puede utilizar la IA para generar y respaldar estudios de casos teológicos en cuatro áreas principales: teología práctica, historia de la iglesia, teología sistemática y estudios bíblicos. Mediante aplicaciones específicas y estrategias pedagógicas, consideraremos no solo las posibilidades técnicas, sino también las implicaciones espirituales y éticas del uso de la IA para capacitar a los estudiantes en discernimiento teológico. Lo que está en juego no es solo la eficiencia o la innovación, sino la formación de líderes capacitados para servir a la Iglesia con fidelidad y perspicacia, preparados no solo para pensar críticamente, sino también para ministrar con compasión en un mundo marcado por rápidos cambios tecnológicos y culturales.

Reimaginando el aprendizaje basado en casos mediante inteligencia artificial

A medida que la educación teológica continúa evolucionando en la era digital, el aprendizaje basado en casos sigue siendo una de las herramientas pedagógicas más eficaces para superar la brecha entre la doctrina abstracta y el ministerio encarnado. Los estudios de caso sitúan la reflexión teológica en la complejidad de la experiencia humana. Exigen que los estudiantes integren la interpretación bíblica, la perspectiva histórica, la claridad doctrinal y la sabiduría pastoral, yendo más allá del conocimiento teórico hacia el discernimiento contextual y la fidelidad práctica que los prepara para las complejidades reales del ministerio.

La inteligencia artificial ofrece una oportunidad sin precedentes para revitalizar y reimaginar el aprendizaje basado en casos para esta nueva era. Ya no se limita a casos prácticos impresos ni a propuestas estáticas de discusión; los instructores ahora pueden generar estudios de caso dinámicos, contextuales e interactivos que evolucionan en respuesta a las aportaciones de los estudiantes. La IA puede simular conversaciones pastorales realistas, crear perfiles congregacionales ficticios o generar dilemas moralmente complejos que desafían a los estudiantes a comprender las Escrituras, la teología y la ética en tiempo real, mientras reciben retroalimentación y apoyo formativos.

El verdadero don de la IA en este contexto no reside únicamente en la eficiencia o la novedad, sino en la profundidad teológica y la posibilidad pedagógica. Con la orientación adecuada, los estudios de caso generados por IA pueden reflejar la diversidad de la Iglesia global, incorporar perspectivas de diversas tradiciones y explorar los desafíos del ministerio en entornos urbanos, rurales, multiculturales o interconectados digitalmente. Este tipo de compromiso prepara a los estudiantes no solo para conocer la teología, sino para vivirla: para pensar críticamente, actuar con compasión y servir con convicción en contextos ministeriales diversos y exigentes donde las respuestas claras son escasas, pero la presencia fiel es esencial.

Al integrar la IA en la educación teológica basada en casos, no eliminamos el elemento humano, sino que lo potenciamos. Los educadores se ven empoderados para centrarse en la mentoría y la orientación teológica, mientras que los estudiantes son invitados a experiencias inmersivas que agudizan su juicio, refinan sus instintos espirituales y profundizan su formación. En este espacio renovado, la educación teológica se vuelve no solo más atractiva, sino también más fiel a las exigencias reales del ministerio en un mundo en constante cambio, donde la adaptabilidad, la sabiduría y una formación profunda son indispensables.

Teología práctica: simulación del ministerio mediante estudios de casos basados en inteligencia artificial

En el ámbito de la teología práctica, la inteligencia artificial puede convertirse en una herramienta poderosa para preparar a los estudiantes a afrontar las exigencias del ministerio en la vida real. Al generar casos prácticos realistas sobre cuidado pastoral, liderazgo congregacional y toma de decisiones éticas, la IA ofrece a los estudiantes la oportunidad de practicar la sabiduría y la reflexión teológica en situaciones reales. Estas situaciones generadas por IA pueden reflejar las complejidades pastorales que surgen a diario: afrontar el duelo tras la muerte de un hijo, abordar conflictos matrimoniales, responder a crisis de salud mental o guiar a los congregantes ante tensiones éticas relacionadas con el trabajo, la familia o la justicia social.

A diferencia de los ejemplos estáticos de los libros de texto, los estudios de caso basados en IA pueden desarrollarse en tiempo real, lo que permite a los estudiantes responder conversacionalmente a personajes digitales que expresan emoción, confusión o necesidad espiritual. Estos personajes pueden provenir de diversos trasfondos culturales, perspectivas teológicas o situaciones vitales, lo que ayuda a los estudiantes a desarrollar sensibilidad hacia las diferencias y los matices contextuales. A través de estas interacciones, se anima a los estudiantes a aplicar la teología pastoral de manera receptiva, compasiva y perspicaz, aprendiendo a desenvolverse en conversaciones que requieren inteligencia emocional, integridad teológica y un corazón pastoral atento a las necesidades del otro.

Además, los escenarios de toma de decisiones éticas generados por IA pueden ayudar a los estudiantes a abordar la complejidad moral con rigor teológico. Ya sea al confrontar la revelación de abuso por parte de un feligrés, considerar la ética de la distribución de la riqueza en el presupuesto de una iglesia o al abordar un conflicto entre la política denominacional y la atención pastoral, los estudiantes pueden ser desafiados a razonar sobre valores contrapuestos, imperativos bíblicos y normas eclesiales. La IA puede simular múltiples resultados basados en las decisiones de los estudiantes, fomentando la reflexión sobre las implicaciones teológicas y pastorales de cada opción, a la vez que los anima a examinar cómo sus propios sesgos, suposiciones y formación influyen en sus procesos de toma de decisiones.

La IA también facilita la retroalimentación formativa al ofrecer a los estudiantes información inmediata sobre su razonamiento teológico, inteligencia emocional y patrones de toma de decisiones. Puede sugerir pasajes bíblicos, marcos teológicos o ejemplos históricos que podrían fundamentar una respuesta pastoral más sólida. Si bien no sustituye la mentoría del profesorado ni el diálogo entre pares, la IA puede facilitar el aprendizaje de manera que fomente la confianza de los estudiantes y profundice su discernimiento espiritual, ayudándolos a integrar el aprendizaje en el aula con el criterio pastoral necesario para el ministerio en contextos complejos del mundo real.

En definitiva, la integración de la IA en los estudios de caso de teología práctica permite a los estudiantes practicar el arte sagrado del ministerio en un entorno de bajo riesgo, pero profundamente formativo. Estas simulaciones digitales, enmarcadas en una sólida pedagogía teológica, preparan a los estudiantes para afrontar situaciones pastorales reales no solo con conocimientos teóricos, sino también con sabiduría práctica, presencia compasiva y un corazón atento a la guía del Espíritu. De esta manera, cuando se encuentren con personas reales en momentos de dolor, crisis o conflicto moral, lo harán como pastores sabios y fieles, en lugar de técnicos inexpertos.

Historia de la Iglesia: Encuentros inmersivos con el pasado mediante simulación de IA

La educación en historia de la Iglesia también se enriquece con estudios de caso generados por IA, que invitan a los estudiantes no solo a estudiar el pasado, sino a vivirlo. Mediante el modelado lingüístico avanzado y el entrenamiento contextual, la IA puede simular diálogos con figuras históricas, permitiendo a los estudiantes adentrarse en momentos teológicos cruciales con una sensación de inmediatez e interacción. En lugar de simplemente leer sobre los debates de Agustín con Pelagio o las tensiones teológicas del Concilio de Nicea, los estudiantes pueden experimentar estos eventos como participantes, interactuando con figuras clave, contrastando argumentos y comprendiendo los desafíos del desarrollo doctrinal en tiempo real.

Estas simulaciones permiten a los estudiantes plantear preguntas a figuras generadas por IA, quienes responden con voces con fundamento histórico. Por ejemplo, una representación de Martín Lutero por IA podría ofrecer perspectivas sobre la justificación, influenciadas por sus escritos, mientras que una conversación simulada con Juliana de Norwich podría introducir a los estudiantes en la teología mística desde una cosmovisión medieval. El propósito no es idealizar el pasado, sino conectar con él: escuchar voces históricas en contexto, apreciar el desarrollo teológico a lo largo del tiempo y reflexionar sobre cómo las tradiciones heredadas continúan moldeando el testimonio de la Iglesia en la era actual.

Los instructores también pueden usar la IA para crear casos prácticos que ubiquen a los estudiantes en crisis históricas, como la toma de decisiones de los líderes de la iglesia durante la Reforma, los desafíos del cristianismo bajo el imperio o las luchas teológicas de los cristianos ante la modernidad. Estos momentos reconstruidos invitan a los estudiantes a reflexionar sobre las decisiones teológicas, éticas y pastorales que se tomaron, su importancia y cómo podrían responder en circunstancias similares. Este aprendizaje inmersivo cultiva la empatía histórica y el discernimiento teológico, desafiando a los estudiantes a considerar no solo lo sucedido, sino también lo que estaba en juego para la identidad, la misión y la fidelidad de la Iglesia en medio de la agitación social y teológica.

Es importante que estas recreaciones generadas por IA se utilicen con discernimiento. Si bien ofrecen caminos innovadores hacia la historia de la iglesia, también requieren un enfoque cuidadoso para evitar aplanar los matices teológicos o simplificar excesivamente contextos complejos. Sin embargo, con una buena guía, estas herramientas pueden impulsar a los estudiantes a una interacción enriquecedora y dialógica con la multitud de testigos que han moldeado la fe cristiana a lo largo de los siglos, ayudándoles a reconocer la continuidad y la discontinuidad en el continuo camino teológico de la Iglesia.

La IA deja de ser un sustituto del análisis de fuentes primarias o la investigación histórica para convertirse en un complemento dinámico que ayuda a los estudiantes a comprender la tradición viva de la Iglesia. Al hacer que la teología histórica sea interactiva, la IA permite a los estudiantes ver el pasado no como un archivo lejano, sino como una fuente de sabiduría, diálogo y discernimiento para los desafíos de la Iglesia actual y sus futuros líderes.

Teología sistemática: estructurando la complejidad con el apoyo de la IA

La teología sistemática desafía a los estudiantes a explorar la coherencia e interrelación de las afirmaciones doctrinales sobre Dios, la humanidad, la salvación, la Iglesia y la escatología. Les exige rastrear la lógica de la fe cristiana, sintetizar vastas tradiciones teológicas y articular una explicación fiel y ordenada de la creencia. Sin embargo, para muchos estudiantes, la naturaleza abstracta de la teología sistemática puede resultar intimidante. La IA ofrece un conjunto de herramientas que pueden ayudar a los estudiantes a navegar esta complejidad, no simplificando la teología, sino ayudándoles a visualizar, comparar y articular su coherencia subyacente de maneras intelectual y espiritualmente significativas.

La IA puede ayudar a los estudiantes a generar analogías que den vida a doctrinas complejas, iluminando el misterio de la Trinidad, por ejemplo, con imágenes extraídas de la música, el arte o las dinámicas relacionales. Estas analogías, elaboradas con detenimiento, se convierten en puntos de partida para una comprensión y un diálogo más profundos. La IA también puede sugerir comparaciones intertradicionales, como contrastar las perspectivas calvinistas y arminianas sobre la elección, o explorar la teología sacramental en contextos católicos, ortodoxos y reformados. Este enfoque fomenta la hospitalidad teológica y la reflexión crítica, a medida que los estudiantes aprenden a apreciar la lógica interna de las diferentes tradiciones y a refinar sus propias convicciones mediante la comparación informada y la reflexión creativa.

Las herramientas de diagramación mejoradas por IA pueden representar visualmente la estructura de los sistemas teológicos, destacando cómo una creencia influye o depende de otra. Por ejemplo, los estudiantes podrían crear una teología visual de la salvación que conecte las doctrinas del pecado, la gracia, la justificación y la santificación a través de las tradiciones históricas. Estos diagramas pueden servir como punto de partida para el debate, la crítica y el desarrollo teológico constructivo. La IA puede ayudar a identificar dónde el sistema de un estudiante carece de coherencia interna o dónde los supuestos teológicos necesitan aclaración, lo que en última instancia apoya la construcción de expresiones de fe más rigurosas, integradas y fieles.

Además, la IA puede facilitar la exploración teológica intertextual, estableciendo conexiones entre las afirmaciones teológicas y sus fuentes bíblicas, históricas y filosóficas. Un estudiante que investiga la naturaleza de la expiación de Cristo podría recibir una síntesis de comentarios patrísticos relevantes, perspectivas de la Reforma y respuestas del siglo XX. Este tipo de mapeo comparativo no elimina la carga de la investigación, sino que la enriquece al ofrecer vías para una indagación más profunda y una síntesis teológica, animando a los estudiantes a abordar la tradición no como una herencia estática, sino como una conversación viva.

En definitiva, la IA no funciona como una autoridad doctrinal, sino como un tutor en el razonamiento teológico. Cuando se utiliza en un marco de responsabilidad y formación, estas herramientas pueden ayudar a los estudiantes a desarrollar claridad, humildad y creatividad al articular sus convicciones teológicas. El trabajo de la teología sistemática sigue siendo profundamente humano y espiritual, pero con la IA como asistente reflexivo, los estudiantes pueden explorar la amplitud del pensamiento cristiano con mayor estructura, perspectiva y profundidad, cultivando las habilidades de teólogos precisos y pastorales.

Estudios bíblicos: Mejorando la exégesis y la interpretación con IA

Los estudios bíblicos, basados en la interpretación cuidadosa de las Escrituras, exigen una atención rigurosa al lenguaje, el contexto, la historia y el significado teológico. Los estudiantes deben aprender no solo a leer el texto bíblico con atención, sino también a situarlo dentro de sus marcos literarios, canónicos y teológicos. La inteligencia artificial ofrece herramientas emergentes que pueden apoyar esta tarea, no interpretando las Escrituras por cuenta del estudiante, sino ofreciendo ayudas para la comprensión que profundizan la interacción con el texto sagrado y cultivan un estudio disciplinado y reverente.

Las herramientas basadas en IA pueden facilitar el análisis interlineal, facilitando el estudio de los textos originales hebreo y griego. Estas herramientas identifican estructuras gramaticales clave, analizan formas verbales complejas y muestran visualmente las relaciones entre las palabras en las traducciones. En lugar de reemplazar la necesidad de estudiar idiomas bíblicos, estas herramientas refuerzan el aprendizaje al ofrecer retroalimentación inmediata y refuerzo visual, ayudándoles a interiorizar la gramática, el vocabulario y la sintaxis de las Escrituras en su forma original.

Además, la IA puede apoyar el trabajo exegético ofreciendo esquemas de la estructura de los pasajes, identificando recursos retóricos y destacando las conexiones intertextuales en el canon bíblico. Por ejemplo, al trabajar con un texto de Isaías, la IA podría descubrir alusiones en los Evangelios, sugerir paralelismos estructurales en los Salmos o destacar ecos temáticos en el Apocalipsis. Esto ayuda a los estudiantes a rastrear la unidad y diversidad de las Escrituras y a reconocer cómo los temas teológicos se desarrollan a lo largo del tiempo y el género, fomentando un enfoque más holístico y canónico de la teología bíblica.

Las herramientas de IA también pueden desempeñar un papel constructivo en la preparación de sermones. Basándose en un pasaje seleccionado y un contexto particular —como predicar a una congregación en duelo, abordar la injusticia social o guiar la liturgia de la temporada—, la IA puede ofrecer esquemas, ideas para ilustraciones o preguntas teológicas que promuevan una reflexión más profunda. Si se utilizan correctamente, estos recursos no proporcionan sermones predefinidos, sino que animan a los estudiantes a pensar de forma crítica, pastoral y teológica sobre su audiencia y su responsabilidad interpretativa, cultivando sermones con fundamento bíblico y fieles al contexto.

Cuando se integra con el discernimiento y se guía por sólidos principios hermenéuticos, la IA puede servir como acompañamiento en la sagrada tarea de interpretar las Escrituras. Ayuda a iluminar la riqueza del texto, a la vez que mantiene a los estudiantes arraigados en la responsabilidad interpretativa que conlleva el manejo de la Palabra de Dios. El objetivo no es la velocidad ni la automatización, sino la profundidad, la reverencia y la formación de intérpretes fieles al texto y atentos a las necesidades de la comunidad a la que sirven.

Conclusión

La educación teológica se centra, en última instancia, en la formación: moldear a los estudiantes no solo en sus conocimientos, sino también en su forma de pensar, actuar, orar y liderar. El aprendizaje basado en casos ha cumplido este propósito desde hace mucho tiempo, sumergiendo a los estudiantes en escenarios complejos y realistas que requieren discernimiento, reflexión teológica e imaginación pastoral. Al combinar métodos pedagógicos centenarios con las capacidades de vanguardia de la inteligencia artificial, la educación teológica puede cultivar una comprensión más profunda, fomentar el pensamiento integrador y preparar mejor a los estudiantes para las diversas realidades del ministerio actual.

Si se utiliza con sabiduría, la IA no aleja a los estudiantes de la teología vivida, sino que los acerca a ella con mayor profundidad. Ofrece espacios seguros pero significativos para practicar respuestas pastorales, abordar dilemas éticos, encontrar voces del pasado de la Iglesia y organizar sistemas teológicos complejos en un pensamiento coherente. El objetivo no es la novedad tecnológica, sino la madurez humana y espiritual: ayudar a los estudiantes a convertirse en líderes capaces de navegar la ambigüedad, ejercer el juicio teológico y servir a las comunidades con sabiduría y compasión, basadas en el Evangelio.

Como educadores, debemos moldear estas herramientas con discernimiento. La IA nunca debe sustituir la participación en la oración, el aprendizaje relacional ni la presencia orientadora del Espíritu Santo. Sin embargo, al integrarse en una pedagogía con fundamento teológico, los estudios de caso generados por IA pueden ser un recurso valioso: despiertan la imaginación, refuerzan la formación y preparan a los estudiantes para pensar y ministrar con fidelidad y valentía en un mundo cada vez más complejo donde la claridad y la presencia son más necesarias.

Capítulo 10
Proyectos Capstone y colaboración en IA

Introducción

Los proyectos de fin de carrera (capstone) constituyen la culminación de la formación teológica del estudiante, ofreciendo un espacio donde convergen la indagación académica, la formación espiritual y la imaginación ministerial. En estas expresiones finales de aprendizaje —ya sean investigativas, prácticas o creativas—, los estudiantes están llamados a integrar sus estudios en una propuesta coherente y significativa para la Iglesia y la academia. A medida que la educación teológica entra en una era de transformación digital, la inteligencia artificial presenta nuevas posibilidades y plantea preguntas necesarias. ¿Cómo se puede utilizar la IA para apoyar el aprendizaje del estudiante sin mermar la integridad intelectual ni la profundidad espiritual? ¿Cómo podría contribuir al trabajo creativo y formativo que exigen los proyectos de fin de carrera? Este capítulo explora el papel de la IA en el diseño, el apoyo y la guía de los proyectos de fin de carrera, siempre con la vista puesta en preservar las virtudes teológicas de la originalidad, el discernimiento y la autoría fiel.

Diseño de piedras angulares teológicas en la era de la IA

Los proyectos de culminación marcan un momento crucial en la educación teológica de posgrado: la culminación del crecimiento intelectual, la formación espiritual y la preparación ministerial. Ya sea en forma de tesis, trabajo final, serie de sermones, proyecto creativo o portafolio ministerial, estas evaluaciones sumativas invitan a los estudiantes a integrar lo aprendido en estudios bíblicos, teología, historia, ética y práctica pastoral. En este contexto, la inteligencia artificial puede servir como un acompañamiento dinámico tanto para el estudiante como para el docente, enriqueciendo la experiencia de culminación a la vez que preserva las virtudes esenciales de la creatividad, el discernimiento y la autoría fiel.

Diseñar experiencias de proyectos de fin de carrera en la era digital invita a los educadores a imaginar nuevas formas de síntesis y evaluación. En lugar de simplemente evaluar el dominio del contenido, los proyectos de fin de carrera pueden convertirse en espacios de trabajo teológico generativo donde los estudiantes no solo demuestran conocimientos, sino que también crean algo significativo para la Iglesia y el mundo. La IA puede contribuir a dar forma a estas evaluaciones sumativas al generar propuestas para proyectos, simular contextos ministeriales o proporcionar un andamiaje para conexiones interdisciplinarias. Por ejemplo, un proyecto de fin de carrera en teología práctica podría diseñarse en torno a una intervención de atención pastoral basada en la exégesis bíblica, la reflexión sistemática y la participación comunitaria, con IA que modele perfiles congregacionales u ofrezca pistas de investigación sobre temas sociales relevantes. El rol del educador sigue siendo fundamental: guiar la elaboración del proyecto, rendir cuentas y garantizar que las herramientas tecnológicas estén al servicio de la tarea teológica, no que la definan.

La IA como asistente de investigación: apoyar sin sustituir la autoría

A lo largo del proyecto final, la IA puede servir como un asistente versátil, ayudando a los estudiantes a recopilar recursos, aclarar ideas y perfeccionar borradores. Como asistente de investigación, la IA puede sugerir bibliografías, proporcionar breves resúmenes de obras teológicas o dirigir a los estudiantes hacia fuentes menos conocidas. Esto puede ser especialmente útil para estudiantes que no están familiarizados con la navegación en bases de datos teológicas o textos académicos complejos. Como tutor, la IA puede guiar a los estudiantes con preguntas orientadoras que estimulen una reflexión más profunda, ofrecer contraargumentos que fortalezcan las habilidades analíticas y organizar esquemas para una estructura más clara. En la fase editorial, la IA puede identificar inconsistencias en la argumentación, sugerir mejoras en la claridad y la fluidez, y ayudar con la gramática y el formato. A pesar de estas útiles funciones, el estudiante debe mantener la propiedad intelectual y espiritual de su trabajo. El razonamiento teológico, los matices interpretativos y la imaginación pastoral no se pueden automatizar. Un proyecto final no debe ser simplemente un trabajo pulido; debe ser una expresión auténtica de la formación y la voz teológica del estudiante. El papel de la IA es ayudar, no crear. El personal docente debe cultivar una cultura de integridad académica y uso reflexivo de la IA, garantizando que los estudiantes comprendan tanto los beneficios como los límites éticos de la asistencia tecnológica.

Creatividad y discernimiento: formando una voz teológica en la era digital

Los proyectos de culminación no son meros ejercicios académicos, sino oportunidades para que los estudiantes sinteticen su formación y expresen su imaginación teológica de maneras intelectualmente rigurosas y espiritualmente significativas. La IA puede apoyar este proceso estimulando la creatividad y ofreciendo vías hacia nuevas formas de articulación teológica. Por ejemplo, un estudiante podría usar IA generativa para redactar un poema litúrgico, crear un guion gráfico para una serie de sermones multimedia o explorar metáforas teológicas interculturales. Estas herramientas pueden ayudar a los estudiantes a superar el bloqueo creativo o a visualizar conceptos abstractos de nuevas maneras. Sin embargo, la creatividad en la educación teológica debe guiarse por el discernimiento. El objetivo no es la novedad por sí misma, sino la innovación fiel, arraigada en las Escrituras, la tradición y las necesidades de la comunidad. La IA nunca debe obviar el proceso de abordar preguntas difíciles ni eludir la dificultad de expresarse con voz propia. En cambio, debe funcionar como una presencia de apoyo: estimulando ideas, ofreciendo estructura y ayudando a los estudiantes a refinar su expresión. El profesorado debe ayudar a los estudiantes a reflexionar sobre cómo, por qué y cuándo utilizan la IA en su proceso creativo, cultivando no sólo la habilidad técnica sino también la responsabilidad moral y teológica.

Los proyectos de culminación como marcadores vocacionales: integrando la formación con la innovación

Un proyecto de fin de carrera bien diseñado es más que un logro académico; es una declaración vocacional. Representa la preparación del estudiante para liderar, enseñar, predicar o servir en contextos complejos del mundo real. Integrar la IA en el proceso de proyecto de fin de carrera puede dotar a los estudiantes de competencias digitales relevantes, a la vez que honra la profunda naturaleza espiritual de su vocación. Cuando se usa con sabiduría, la IA permite a los estudiantes acceder a fuentes más amplias, articular ideas con mayor claridad y desarrollar formas innovadoras de ministerio o investigación. Estos proyectos se convierten entonces en indicadores no solo de progreso académico, sino también de claridad vocacional: evidencia de que el estudiante ha abordado cuestiones teológicas, escuchado al Espíritu y discernido cómo servir a la Iglesia en la era digital. Pero el éxito de dicha integración depende de cómo se enmarque la IA en el currículo teológico. No debe verse como un atajo, sino como un aliado en la indagación disciplinada y el ministerio creativo. Cuando se forma a los estudiantes para que vean la IA no como un sustituto de la perspicacia humana, sino como una herramienta dentro de un proceso guiado por el Espíritu, los proyectos de fin de carrera se convierten en espacios donde la tradición y la innovación se unen. Reflejan no sólo lo que saben los estudiantes, sino en quiénes se están convirtiendo y cómo están siendo enviados al mundo para dar testimonio fiel.

Conclusión

Los proyectos de fin de carrera ocupan un lugar destacado en la vida de la educación teológica. Son más que evaluaciones académicas; son momentos de integración, discernimiento y vocación. A medida que la inteligencia artificial se vuelve una realidad cada vez más presente en los contextos educativos y ministeriales, las instituciones teológicas deben aprender a adoptarla con sabiduría, claridad y convicción. Cuando se utiliza con criterio, la IA puede enriquecer las experiencias de fin de carrera —sirviendo como asistente de investigación, colaborador creativo y apoyo estructural— sin comprometer la integridad espiritual e intelectual del estudiante.

Sin embargo, la esencia del proyecto final debe permanecer intacta ante la automatización. Estos proyectos deben reflejar la propia trayectoria teológica del estudiante, moldeada por años de estudio, oración, comunidad y visión pastoral. La IA puede ayudar a los estudiantes a expresar lo aprendido, pero no puede proporcionar lo que ellos solos deben aportar: la voz forjada en la lucha, la comprensión que nace de la fe y la claridad que surge de la reflexión sostenida.

En definitiva, los proyectos finales no solo sirven como finales, sino también como umbrales. Apuntan más allá de sí mismos a los ministerios, escritos y testimonios que cada estudiante ofrecerá al mundo. Al integrar la IA como una presencia de apoyo, en lugar de una fuerza controladora, los educadores pueden ayudar a los estudiantes a cruzar ese umbral con confianza, imaginación y una profunda conciencia de su vocación. Al hacerlo, la Iglesia se fortalece, la academia se renueva y la próxima generación de líderes teológicos está preparada para interactuar con un mundo necesitado de verdad, belleza y gracia.

Capítulo 11
Los riesgos y peligros de la IA en la educación teológica

Introducción

A medida que la inteligencia artificial se integra cada vez más en la educación teológica, su promesa suele ser recibida con entusiasmo. La IA ofrece velocidad, eficiencia y apoyo, cualidades que pueden potenciar el aprendizaje y la formación de forma eficaz. Sin embargo, como con cualquier herramienta poderosa, sus beneficios conllevan peligros. En una disciplina arraigada en la reflexión profunda, la transformación personal y el discernimiento comunitario, los riesgos que plantea el uso acrítico de la IA son considerables. Si no se controlan, estos riesgos amenazan con erosionar no solo la calidad de la investigación teológica, sino también el carácter de quienes están encargados de ministrar la Palabra de Dios. Este capítulo explora los principales peligros que la IA presenta para la educación teológica y propone caminos hacia su uso responsable y redentor.

Plagio, confianza excesiva y pereza epistémica

Una de las preocupaciones más apremiantes que plantea la IA en la educación teológica es la amenaza de la deshonestidad académica, en particular el plagio. La aparición de la IA generativa ha difuminado la línea entre la asistencia y la autoría. Con tan solo unas pocas indicaciones bien formuladas, los estudiantes pueden generar ensayos, respuestas a debates, bosquejos de sermones o argumentos teológicos que parecen pulidos y originales, pero que no provienen de sus propios pensamientos, oraciones o estudios, sino de un algoritmo entrenado con enormes conjuntos de datos. La tentación de copiar, modificar y presentar dicho contenido como propio socava no solo la integridad del trabajo académico, sino también la formación del carácter que la educación teológica busca cultivar. El plagio no es simplemente una violación de las políticas; es una violación de la confianza y la vocación inherentes a la preparación ministerial.

Sin embargo, más allá de la deshonestidad absoluta, existe un peligro más sutil e insidioso: el desarrollo gradual de una dependencia excesiva. Cuando los estudiantes se acostumbran a recurrir a herramientas de IA para obtener respuestas inmediatas, resúmenes rápidos o síntesis teológicas, corren el riesgo de desarrollar hábitos intelectuales superficiales. El arduo trabajo de investigación, la lectura lenta, la contemplación y la lucha con las Escrituras o los textos teológicos pueden empezar a parecer innecesarios. Con el tiempo, esta dependencia de la automatización fomenta lo que los filósofos llaman «pereza epistémica»: un debilitamiento de la voluntad y el deseo de saber verdaderamente. En lugar de formarse como teólogos y pastores capaces de discernir, interpretar y comunicarse con profundidad y claridad, los estudiantes pueden conformarse con la comodidad de un razonamiento externo.

Esta pereza también afecta la formación de la imaginación teológica. En lugar de desarrollar la comprensión mediante la oración, aprovechar la experiencia vivida o abordar perspectivas históricas y eclesiales, los estudiantes pueden recibir material preprocesado que evita las mismas tensiones que conducen a la sabiduría. La educación teológica no se trata simplemente de adquirir información, sino de formar un corazón y una mente capaces de afrontar la complejidad con paciencia, humildad y esperanza. Cuando las herramientas de IA se convierten en la principal vía de interacción, los estudiantes pierden no solo la profundidad del conocimiento, sino también la incomodidad santificadora que conlleva la labor teológica.

Además, el peligro de la pereza epistémica tiene implicaciones más allá del aula. Si los futuros pastores y líderes se acostumbran a pedir a la IA ilustraciones para sermones, posturas éticas o interpretaciones bíblicas, podrían no desarrollar los instintos pastorales ni la base teológica necesarios para el ministerio en la vida real. Las máquinas pueden generar contenido, pero no pueden discernir corazones, interpretar un ambiente ni escuchar la acción del Espíritu en una congregación. Depender de la IA en la formación corre el riesgo de producir líderes eficientes pero superficiales: capaces de gestionar datos, pero no de pastorear almas.

Abordar estos riesgos requiere vigilancia por parte de educadores e instituciones. No basta con advertir contra las trampas; es necesario formar a los estudiantes para que amen el proceso de descubrimiento teológico. Esto incluye cultivar virtudes intelectuales como la curiosidad, la perseverancia y la reverencia por la verdad. El profesorado puede diseñar evaluaciones que prioricen el proceso sobre el resultado, fomenten la interpretación colaborativa y exijan una reflexión teológica difícil de reproducir por máquinas. Cuando la educación teológica invita a los estudiantes a una comunidad de indagación moldeada por la gracia y la responsabilidad, las tentaciones del plagio y la pereza pueden resistirse no solo por la regla, sino por la convicción.

La superficialidad teológica y la pérdida de la comunidad

Uno de los peligros más sutiles, pero a la vez más significativos, de la IA en la educación teológica es la erosión de la profundidad teológica. Los sistemas de IA destacan por imitar la coherencia y ofrecer respuestas rápidas a las preguntas, pero lo hacen sin ningún sentido de misterio, oración ni discernimiento espiritual. Si bien pueden agregar información y producir contenido que se lee como lógico o incluso perspicaz, carecen de la capacidad de la sabiduría teológica: la comprensión lenta, guiada por el Espíritu, que surge de la lucha con Dios, la tradición, las Escrituras y la comunidad. Por lo tanto, cuando la IA se convierte en el principal aliado del estudiante en la reflexión, existe el peligro real de confundir la síntesis superficial con un profundo compromiso teológico.

Este problema es particularmente agudo en un campo como la teología, que aborda preocupaciones fundamentales: Dios, el propósito humano, el sufrimiento, la salvación y la justicia. Estas no son meras cuestiones académicas; requieren experiencia vivida, formación comunitaria y una contemplación sostenida. Las herramientas de IA no pueden orar, adorar, sufrir ni amar. No pueden reflexionar sobre el misterio de la Trinidad desde una posición de reverencia, ni discernir las implicaciones pastorales de una creencia doctrinal en la vida de una congregación dolida. Cuando los estudiantes dependen demasiado de la IA para redactar respuestas teológicas, preparar sermones o incluso generar reflexiones devotas, corren el riesgo de cultivar una imaginación teológicamente superficial: rica en información, pero espiritualmente empobrecida.

Junto con esta superficialidad viene la pérdida de comunidad. La formación teológica es inherentemente relacional. No se da de forma aislada, sino a través del diálogo, el desacuerdo, la mentoría y la reflexión compartida. Las discusiones en clase, el culto comunitario, las conversaciones en los pasillos y los debates nocturnos no son secundarios a la educación teológica; son esenciales. Encarnan la realidad de que la verdad se descubre en la comunidad, no en el vacío. Pero la IA, a pesar de toda su sofisticación interactiva, no es una comunidad. No desafía, ni consuela, ni cuestiona, ni ríe. No da testimonio de la fe en el sufrimiento ni modela un discipulado encarnado. A medida que los estudiantes recurren cada vez más a la IA en lugar de recurrir a otros estudiantes o a sus profesores, pierden el poder formativo de ser moldeados por y moldear: una comunidad de aprendices.

Esta tendencia hacia el aislamiento no es solo académica, sino también pastoral. El ministerio en el que se forman los estudiantes también es fundamentalmente relacional. Pastores, capellanes y líderes cristianos están llamados a acompañar a la gente, a estar presentes en el dolor y la celebración, a liderar con sabiduría basada en la comunión. Si la formación se da al margen de la comunidad, existe un riesgo real de que el ministerio también lo haga. Los líderes formados en aislamiento pueden replicar ese aislamiento en las congregaciones a las que sirven, apoyándose en herramientas y tecnologías en lugar de relaciones interpersonales.

Por lo tanto, las instituciones teológicas deben estar atentas a la promoción de entornos de aprendizaje que privilegien la conexión humana, la profundidad espiritual y la responsabilidad mutua. Esto implica diseñar tareas que requieran colaboración, crear espacios para la adoración encarnada y el discernimiento compartido, y recordar a los estudiantes que la teología es una tarea comunitaria. También

117

implica resistir la tentación de la eficiencia generada por la IA cuando esta se produce a costa de la comunión. La verdadera profundidad teológica no se produce mediante algoritmos; se cultiva en el crisol de la comunidad, a través del tiempo, la lucha y la gracia.

Directrices para el uso responsable de la IA en seminarios

Si bien la inteligencia artificial presenta numerosos desafíos para la educación teológica, también ofrece oportunidades únicas cuando se aborda con intencionalidad y discernimiento. En lugar de simplemente prohibir o adoptar la IA sin crítica alguna, los seminarios están llamados a cultivar una cultura de uso responsable y teológicamente fundamentado, que priorice la formación sobre la conveniencia y la sabiduría sobre la rapidez. Por lo tanto, el desarrollo de directrices claras para el uso de la IA es una tarea esencial para las instituciones teológicas que buscan navegar fielmente en este nuevo terreno.

Ante todo, los seminarios deben articular una visión institucional de la tecnología que se alinee con sus compromisos teológicos. Esta visión no debe ser reactiva, basada únicamente en el temor a un uso indebido, sino proactiva, cimentada en una teología positiva del aprendizaje, la dignidad humana y la formación espiritual. Las políticas en torno al uso de la IA deben partir de este fundamento, afirmando que la tecnología siempre debe servir para formar líderes sabios, humildes y compasivos para la Iglesia y el mundo. Estas políticas deben abordar los tipos de uso de la IA permitidos en diversos entornos académicos, distinguiendo entre la asistencia adecuada —como la generación de ideas o el perfeccionamiento de la estructura— y el uso inapropiado, como generar tareas completas o eludir el proceso de aprendizaje.

La transparencia es otro componente clave. Se debe enseñar a los estudiantes a revelar cuándo y cómo utilizaron las herramientas de IA en su trabajo. No se trata solo de honestidad académica, sino de cultivar el hábito de la reflexión. Si un estudiante utiliza IA para organizar el esquema de un sermón o resumir un artículo teológico, se le debe animar a incluir una breve reflexión sobre lo que ofreció la herramienta y el trabajo interpretativo que él mismo aportó. Estas prácticas no solo garantizan la rendición de cuentas, sino que también refuerzan la importancia de mantener la voz y la autonomía teológicas.

El profesorado también tiene la responsabilidad de modelar el uso responsable de la IA. Los profesores deben demostrar cómo la IA puede servir como interlocutor en lugar de sustituir la reflexión. Los instructores pueden diseñar tareas que requieran notas de proceso del estudiante, la participación de los compañeros o entregas en varias etapas que no se puedan generar fácilmente de una sola vez. Más importante aún, pueden fomentar culturas en el aula que valoren la indagación profunda, la contemplación y la formación espiritual; culturas donde los estudiantes se formen para ver la tecnología no como una muleta, sino como una herramienta que debe manejarse con sabiduría.

Además, los educadores teológicos deberían incorporar deliberadamente conversaciones sobre la IA en el propio currículo. Los cursos de ética, teología pastoral y método teológico pueden brindar a los estudiantes un espacio para explorar las implicaciones teológicas de la inteligencia artificial. ¿Qué significa ser humano en la era de las máquinas inteligentes? ¿Cómo discernimos la diferencia entre conocimiento y sabiduría, información y revelación? ¿Cómo podría la Iglesia interactuar con una cultura cada vez más moldeada por la lógica algorítmica? Al plantear estas preguntas explícitamente, los seminarios preparan a los estudiantes no solo para usar la IA responsablemente en sus estudios, sino también para guiar a las congregaciones e instituciones en la reflexión crítica sobre su lugar en la cultura en general.

Finalmente, el uso responsable de la IA debe integrarse en las prácticas de discernimiento comunitario y espiritual. Se debe animar a los estudiantes a conversar con mentores, compañeros y directores espirituales sobre su uso de la tecnología en el trabajo teológico. El profesorado debe orar con y por sus estudiantes mientras disciernen la mejor manera de utilizar estas herramientas. Las decisiones tecnológicas no deben tomarse de forma aislada, sino que deben considerar el testimonio de la Iglesia y la guía del Espíritu. Cuando la educación teológica fundamenta su enfoque de la IA en la reflexión compartida, la sabiduría espiritual y el carácter de Cristo, es posible utilizar esta poderosa herramienta sin perder de vista las dimensiones humana y divina de la formación.

Conclusión

La inteligencia artificial llegó para quedarse, y la educación teológica debe responder no con miedo, sino con sabiduría. Los riesgos de plagio, pereza intelectual, superficialidad teológica y aislamiento comunitario son significativos, pero no insuperables. Al identificar estos peligros y responder con claridad, responsabilidad y profundidad teológica, los seminarios pueden garantizar que la IA contribuya a la formación de líderes sabios, fieles y reflexivos para la Iglesia. En última instancia, la pregunta no es si la IA se utilizará en la educación teológica, sino cómo, y si su uso ayudará a los estudiantes a crecer a semejanza de Cristo o simplemente a semejanza de máquinas. La educación teológica debe optar por lo primero, por el bien del evangelio y el testimonio de la Iglesia en un mundo saturado digitalmente.

Capítulo 12
Preocupaciones espirituales y formativas

Introducción

A medida que la educación teológica aborda las posibilidades y los peligros de la inteligencia artificial, una de las preguntas más apremiantes persiste: ¿Puede la tecnología formar almas? Si bien la IA puede asistir en la investigación, automatizar la retroalimentación y generar contenido, la formación espiritual requiere algo más profundo, encarnacional, relacional y misterioso. La educación teológica no es una mera transferencia de información; es un camino de transformación. Este camino no puede mecanizarse. Tiene sus raíces en la oración, se moldea en comunidad y se perfecciona en el crisol de la experiencia vivida. A medida que los seminarios adoptan herramientas digitales y entornos de aprendizaje potenciados por la IA, deben asegurar que su compromiso con la integridad espiritual y formativa siga siendo fundamental. Este capítulo explora los límites y las posibilidades de la formación espiritual en la era de la IA, ofreciendo perspectiva teológica y visión pedagógica.

¿Puede la IA moldear almas? El rol de la mentoría y la sabiduría encarnada

En el corazón de la educación teológica reside una pregunta que la IA no puede responder con certeza, por muy sofisticada que sea su programación: ¿Pueden las máquinas formar almas? La respuesta, para muchos educadores y líderes espirituales, es un no rotundo y teológicamente fundamentado. La IA puede facilitar la cognición, mejorar la eficiencia o simular conversaciones, pero no puede moldear almas. La formación del alma es un proceso divino y relacional que ocurre con el tiempo, en el crisol de la comunidad y bajo la guía del Espíritu Santo. Involucra no solo la mente, sino también el afecto, la imaginación, la conciencia y la voluntad. La IA, a pesar de todas sus extraordinarias capacidades, carece de alma propia y, por lo tanto, no puede guiarla.

Lo que moldea un alma es la presencia: presencia ante Dios, ante uno mismo, ante los textos sagrados y ante los demás en comunidad. La mentoría en la educación teológica encarna esta presencia. Ya sea en relaciones formales de asesoramiento o en conversaciones informales tomando un café, la sabiduría que fluye de guías experimentados se moldea por la experiencia vivida, la madurez espiritual y un profundo compromiso con la formación de otros. Los mentores son un ejemplo de paciencia, humildad y reverencia por el misterio. Plantean preguntas difíciles, escuchan con compasión, oran junto a sus estudiantes y ofrecen una guía arraigada no en la abstracción, sino en una fe encarnada y documentada. La IA, incluso cuando imita la conversación humana o responde con fluidez teológica estilística, no puede replicar esta realidad encarnacional.

Además, la mentoría no es una transacción. Es un pacto. Crece a través del tiempo compartido, la confianza y la vulnerabilidad mutua. Un mentor puede discernir los dones y los temores de un estudiante. Puede detectar cuándo un estudiante está espiritualmente seco, cuándo está agobiado por la fatiga del ministerio o cuándo está despertando a un llamado más profundo. Estas no son condiciones que una máquina pueda diagnosticar o abordar. Requieren atención devota, intuición pastoral y una relación que respete el misterio de la obra de Dios en la vida humana.

Por esta razón, las comunidades de seminario deben proteger y elevar la mentoría encarnada como una responsabilidad sagrada; no solo un método pedagógico, sino una forma de acompañamiento espiritual.

Esto tiene implicaciones para el uso de la IA en entornos teológicos. Las herramientas que reducen la educación teológica a un proceso basado en datos —eficiente pero impersonal— corren el riesgo de socavar la parte más vital de la formación: ser más plenamente humanos en Cristo. La formación del alma no puede acelerarse. No puede programarse ni automatizarse. Surge mediante la lucha fiel, la adoración compartida, el ministerio vivido y la reflexión honesta. La mentoría invita a los estudiantes a esa larga obediencia en la misma dirección. La IA puede complementar, pero nunca sustituir, este proceso.

En una época en la que muchos estudiantes se forman cada vez más en la cultura digital —pensamiento algorítmico, respuestas instantáneas e identidades seleccionadas—, el seminario tiene un papel profético. Debe crear espacio para la calma, el silencio y las relaciones. Debe elevar a los mentores no como expertos que imparten contenido, sino como guías sabios que cultivan almas. Y debe recordar a los estudiantes que su vocación no es simplemente producir sermones, artículos o estrategias, sino convertirse en personas cuyas vidas den testimonio del evangelio. En esa tarea, ninguna máquina puede reemplazar el don sagrado de la presencia humana.

Disciplinas espirituales e IA: Fomentando la atención y la contemplación

Las disciplinas espirituales son prácticas de eficacia comprobada que entrenan el alma para estar atenta a Dios. En un contexto teológico, forman el andamiaje interno que sustenta el aprendizaje, el discernimiento y el desarrollo del carácter. Prácticas como el silencio, la oración, la lectio divina, el sabbat, el ayuno y el examen no son complementos del camino académico; son parte integral de la formación de ministros, teólogos y líderes cristianos. Estas disciplinas cultivan no solo la receptividad intelectual, sino también la profundidad espiritual necesaria para comprender los misterios de Dios y las complejidades de la vida humana. Sin embargo, estas prácticas contrastan marcadamente con los hábitos que refuerza la inteligencia artificial.

La IA está diseñada para la velocidad, la eficiencia y la inmediatez. Se nutre del acceso fluido al contenido y la automatización de tareas. Estas fortalezas, si se utilizan sin discernimiento, pueden deformar sutilmente nuestra atención, acostumbrándonos a leer superficialmente en lugar de detenernos, a consumir en lugar de contemplar, a buscar respuestas en lugar de quedarnos con preguntas. Para los estudiantes de teología, llamados a habitar en el misterio y vivir con la tensión teológica, estos hábitos pueden socavar el trabajo lento y sagrado de la formación. Las disciplinas espirituales, en cambio, nos invitan a ritmos de receptividad, paciencia y presencia pausada, cualidades esenciales para una profunda reflexión teológica.

El desafío, entonces, no es simplemente si la IA puede ayudar con las disciplinas espirituales, sino si estudiantes y educadores crearán espacio para dichas disciplinas desde el principio. ¿Se puede acelerar la oración mediante una indicación? ¿Se puede externalizar el discernimiento a un chatbot? ¿Se puede programar el silencio entre las notificaciones de la aplicación? Estas no son preguntas teóricas, sino preguntas vividas. Y deben abordarse con un marco pedagógico que priorice la atención espiritual sobre la aceleración digital.

Dicho esto, existen maneras inteligentes de integrar la IA sin desplazar la esencia de la formación. Las herramientas de IA pueden generar planes de lectura de las Escrituras, crear recordatorios para la oración diaria u ofrecer preguntas reflexivas que ayuden a los estudiantes a estructurar su tiempo con Dios. Pero estas herramientas deben seguir siendo un andamiaje, no un sustituto. El objetivo no es más contenido, sino una comunión más profunda. Si la IA ha de apoyar la práctica espiritual, debe hacerlo de una manera que proteja la sacralidad del encuentro y evite la mercantilización de la devoción.

Los educadores pueden ayudar modelando la importancia de estas prácticas dentro de la estructura de sus cursos. Crear un espacio al inicio de la clase para el silencio de oración, invitar a los estudiantes a interactuar con textos teológicos mediante la lectio divina o exigir diarios de reflexión personal puede ayudar a arraigar el trabajo académico en la atención espiritual. Estas prácticas, combinadas con una interacción cuidadosa con las herramientas de IA, ayudan a los estudiantes a resistir el efecto adormecedor de la velocidad y a redescubrir la belleza de la quietud.

En una era de saturación digital, las disciplinas espirituales son actos contraculturales. Nos recuerdan que la formación no se encuentra en el desplazamiento, el deslizamiento ni la barra de búsqueda, sino en la voz serena de Dios, que habla a quienes se toman el tiempo para escuchar. La IA puede ofrecer herramientas que acompañen nuestros ritmos, pero es la presencia de Dios, no la presencia de la tecnología, la que transforma el corazón.

Pedagogía tecnológica pero rica en alma

Los educadores teológicos hoy enfrentan el reto —y la oportunidad— de cultivar una pedagogía con fundamento digital y arraigada espiritualmente. A medida que la IA y otras tecnologías emergentes se integran cada vez más en la vida académica y eclesial, crece la necesidad de prácticas educativas que no solo sean tecnológicamente avanzadas, sino también enriquecedoras para el alma. Este equilibrio no es fácil de lograr. Muchas instituciones se apresuran a adoptar nuevas tecnologías en nombre de la innovación, pero al hacerlo corren el riesgo de abandonar los objetivos más profundos de la formación espiritual, el desarrollo del carácter y la claridad vocacional. Una pedagogía verdaderamente fiel debe ir más allá de la funcionalidad; debe regirse por una visión teológica.

Una pedagogía con conocimientos tecnológicos reconoce las realidades del mundo digital en el que los estudiantes viven, trabajan y ejercen su ministerio. Aprovecha la utilidad de la IA para la asistencia en la investigación, el perfeccionamiento de la escritura, la creación de contenido y el aprendizaje adaptativo. Integra sistemas de gestión del aprendizaje, herramientas colaborativas y plataformas digitales para aumentar el acceso y la participación. Ayuda a los estudiantes a familiarizarse con las herramientas tecnológicas que encontrarán en el ministerio, desde chatbots para la selección pastoral hasta análisis basados en IA para la difusión en la iglesia. Estas no son habilidades triviales. Son competencias necesarias para los líderes que deben desenvolverse en entornos digitales cada vez más complejos.

Sin embargo, una pedagogía que enriquece el alma insiste en que estas herramientas deben servir, y no suplantar, los objetivos más profundos de la educación teológica. Prioriza la reflexión personal sobre la respuesta automatizada, el diálogo sobre los datos, la formación sobre el mero desempeño. El aprendizaje que enriquece el alma se da en los espacios sagrados de la mentoría, la adoración, la vulnerabilidad y el discernimiento comunitario. Se pregunta no solo qué saben los estudiantes, sino en quiénes se están convirtiendo. Busca formar estudiantes contemplativos en su pensamiento, valientes en su liderazgo y compasivos en su servicio: cualidades que ningún algoritmo puede enseñar.

Esta pedagogía también enseña discernimiento en el uso de la IA. Se invita a los estudiantes a considerar no solo cómo usar las herramientas digitales, sino también si deberían usarlas y cuándo. Se les anima a plantearse preguntas teológicas sobre la tecnología: ¿Qué visión de la persona humana asume esta herramienta? ¿Cómo moldea mis deseos, mi tiempo o mi imaginación? ¿Qué me permite ver u ocultar? Estas preguntas constituyen la base de la madurez ética y espiritual en un mundo donde la línea entre la conveniencia y el compromiso es cada vez más difusa.

Los instructores que encarnan este enfoque integrado no solo enseñan sobre la fe; enseñan desde ella. Modelan la hospitalidad, la paciencia y la sabiduría en la forma en que estructuran sus cursos, involucran a los estudiantes y evalúan el aprendizaje. No se dejan intimidar por las nuevas herramientas ni se ven obligados a ellas. En cambio, ayudan a los estudiantes a desarrollar los hábitos mentales y emocionales necesarios para vivir con fe en la era digital. Esto incluye cultivar la humildad ante la complejidad, la curiosidad ante el cambio y la esperanza ante la incertidumbre.

En definitiva, una pedagogía tecnológica pero enriquecedora no se trata de mantenerse al día con las tendencias ni resistirse al cambio. Se trata de dar testimonio: testimonio de una forma de aprender, liderar y vivir arraigada en Cristo, guiada por el Espíritu y responsable ante la comunidad de fe. Capacita a los estudiantes no solo para manejar las herramientas de su época, sino para servir a las personas de su tiempo con integridad, compasión y profundidad espiritual.

Conclusión

El alma no se moldea con la eficiencia, ni la sabiduría se forma con prisas. A medida que la inteligencia artificial se hace cada vez más presente en la educación teológica, los seminarios deben recordar que la formación no es un resultado técnico, sino espiritual. Si bien la IA puede ayudar con la entrega de contenido, el desarrollo cognitivo y el apoyo logístico, no puede cultivar el amor a Dios, la reverencia por el misterio ni la compasión por los demás. Estas cualidades nacen de la mentoría, se practican en disciplinas espirituales y se nutren en comunidad.

El futuro de la educación teológica debe ser a la vez versado en tecnología y espiritualmente arraigado. Descuidar cualquiera de los dos aspectos pone en riesgo la integridad de la tarea. Pero cuando los educadores mantienen ambos principios unidos, enseñando a los estudiantes a usar nuevas herramientas sin sacrificar su alma, preparan líderes capaces de ministrar con sabiduría, profundidad y alegría en un mundo que necesita desesperadamente las tres. En esta visión, la IA deja de ser una amenaza para convertirse en un servidor: una herramienta que, correctamente gestionada, apoya la formación de líderes cristianos para la Iglesia y el mundo.

Capítulo 13
El futuro de la enseñanza teológica en un mundo de IA

Introducción

El auge de la inteligencia artificial no es simplemente un cambio tecnológico, sino una transformación cultural, moral y educativa. Para los seminarios e instituciones teológicas, esta transformación ofrece tanto promesas como riesgos. La IA transforma la forma en que accedemos a la información, interactuamos con las ideas e interactuamos entre nosotros. Influye en cómo aprenden los estudiantes, cómo enseñan los educadores y cómo las comunidades de fe comprenden el conocimiento y la sabiduría. El futuro de la enseñanza teológica no será inmune a estos cambios, y no debería serlo. Pero debe estar preparado para abordarlos teológicamente, críticamente y con fe. Este capítulo explora cómo las tecnologías emergentes influirán en el futuro de la educación teológica y propone un camino a seguir que se adhiera a nuestros compromisos más profundos, a la vez que abrace las posibilidades de un mundo infundido por la IA.

Tecnologías emergentes y educación teológica

Las tecnologías emergentes están transformando el panorama educativo a una velocidad asombrosa, y las instituciones teológicas se enfrentan cada vez más a los desafíos y oportunidades que estas ofrecen. Desde la inteligencia artificial y el aprendizaje automático hasta la realidad virtual, el procesamiento del lenguaje natural y los sistemas de aprendizaje adaptativo, estas herramientas ya no son novedades futuristas; se integran rápidamente en las prácticas de enseñanza, investigación y preparación ministerial. Los educadores teológicos deben preguntarse no solo cómo funcionan estas tecnologías, sino también qué tipo de formación promueven y qué tipo de imaginación teológica requieren.

La IA, por ejemplo, es capaz de analizar grandes volúmenes de datos, sintetizar investigaciones, ofrecer traducción lingüística e incluso imitar respuestas pastorales en simulaciones basadas en chat. La realidad virtual y aumentada están comenzando a ofrecer experiencias inmersivas de geografía bíblica, recreaciones históricas o culto litúrgico a lo largo de siglos y culturas. Estas herramientas pueden ampliar el alcance del aula, ofreciendo acceso a un rico aprendizaje teológico a estudiantes en entornos rurales, de bajos recursos o internacionales. Las herramientas impulsadas por IA pueden generar guías de estudio contextualizadas, simular los desafíos del ministerio para el aprendizaje práctico y facilitar la escritura colaborativa, lo que permite una participación más inclusiva e interdisciplinaria.

Además, estas tecnologías prometen accesibilidad. Estudiantes con diferencias de aprendizaje, barreras lingüísticas o limitaciones geográficas pueden encontrar más fácil participar en la educación teológica cuando el contenido se adapta dinámicamente o se media mediante tecnologías de asistencia. Las aulas enriquecidas digitalmente pueden incluir voces y tradiciones de todo el mundo, lo que facilita una interacción verdaderamente católica con la sabiduría de la Iglesia. Los cursos que antes requerían presencia física ahora pueden rediseñarse como espacios híbridos dinámicos, donde la interacción en tiempo real se complementa con la reflexión asincrónica y circuitos de retroalimentación impulsados por IA.

Sin embargo, los beneficios de estas tecnologías deben sopesarse con cuidado. No son herramientas neutrales; conllevan supuestos arraigados sobre el aprendizaje, la autoridad y el conocimiento. Por ejemplo, los algoritmos pueden priorizar la eficiencia sobre la profundidad, la personalización sobre la formación comunitaria, o la novedad sobre la tradición. Sin un marco teológico, las herramientas pueden redefinir sutilmente los valores de la educación teológica, reemplazando la maravilla por la comodidad, o la sabiduría por la recuperación de información. El riesgo no es solo la dependencia tecnológica, sino la distorsión de la educación misma, convirtiéndola en un ejercicio basado en datos en lugar de un camino formativo hacia el discernimiento y la madurez espiritual.

Por eso, los educadores teológicos deben abordar las tecnologías emergentes no solo como adoptantes, sino como intérpretes. Deben dominar el lenguaje de la innovación, a la vez que se mantienen arraigados en la Escritura, la tradición y las prácticas vividas de la Iglesia. En lugar de preguntarse cómo mantenerse al día con las herramientas más recientes, la pregunta debe ser: ¿Cómo estas herramientas ayudan o dificultan la labor de formar líderes fieles, sabios y compasivos para la Iglesia y el mundo? Esta postura requiere curiosidad, cautela y, sobre todo, una visión de la educación teológica lo suficientemente profunda como para resistir las corrientes culturales de la aceleración digital.

Para que las tecnologías emergentes sean eficaces para la educación teológica, deben integrarse en un telos más rico: un propósito centrado en el amor a Dios y al prójimo, no en la novedad tecnológica ni el prestigio académico. Esto implica desarrollar marcos de discernimiento, directrices éticas de uso y modelos pedagógicos que prioricen la formación por encima de la funcionalidad. Al ser moldeadas por la imaginación teológica, las tecnologías emergentes pueden convertirse en instrumentos de hospitalidad, acceso, creatividad y profundidad, sirviendo no como maestros del aula, sino como compañeros en el camino de la fe y el aprendizaje.

Formación Continua del Profesorado y del Alumnado

En una era marcada por el constante avance tecnológico y la fluctuación cultural, la formación teológica ya no puede limitarse al arco tradicional de la educación seminarística. Tanto el profesorado como el alumnado deben adoptar una filosofía de formación continua: una apertura permanente al aprendizaje, al desaprendizaje, a la adaptación y al crecimiento. Ante la rápida evolución de la inteligencia artificial y las tecnologías digitales, el Seminario no puede permanecer como una institución estática; debe convertirse en una comunidad de aprendizaje en movimiento, caracterizada por la humildad, la curiosidad y el discernimiento.

Para el profesorado, esto implica mucho más que adquirir habilidades técnicas o dominar el software educativo más reciente. Requiere una transformación más profunda de la imaginación pedagógica. Los educadores teológicos deben reexaminar sus suposiciones sobre la autoridad, la entrega de contenido y la naturaleza misma de la sabiduría. Deben explorar cómo incorporar la IA a su enseñanza de maneras que sean teológicamente sólidas y pedagógicamente eficaces. Esto puede implicar experimentar con nuevas herramientas en el aula, pero también requiere cultivar la resiliencia espiritual e intelectual. A medida que los estudiantes llegan con mayor fluidez en las plataformas digitales y las herramientas generativas, los educadores deben estar preparados para guiarlos no solo en el contenido, sino también en la ética y los hábitos de la indagación teológica en un mundo digital.

El desarrollo continuo del profesorado se vuelve esencial, no solo como enriquecimiento profesional, sino como un acto de gestión vocacional. Talleres, diálogo interdisciplinario, colaboración entre pares y retiros espirituales deben formar parte del ecosistema de una institución sana. El profesorado debe recibir apoyo en la compleja tarea de enseñar, de manera que aproveche las tecnologías emergentes y se mantenga profundamente arraigado en la tradición cristiana. Esto incluye espacios para la reflexión teológica sobre el cambio tecnológico, para abordar cuestiones de autoría y formación, y para renovar su propio sentido de vocación como pastores del aprendizaje.

Para los estudiantes, la formación continua implica cultivar la capacidad de vivir con fe y reflexión en una cultura marcada por la rápida innovación. No solo deben aprender a usar la IA, sino también a interpretarla: evaluar sus promesas, cuestionar sus suposiciones y resistir sus excesos. Deben aprender a formular mejores preguntas, a reflexionar teológicamente sobre las herramientas que utilizan y a ver su aprendizaje no como una transacción a corto plazo, sino como una peregrinación para toda la vida. Esto implica desarrollar hábitos de atención, autoexamen e integración interdisciplinaria.

Las disciplinas espirituales desempeñan un papel vital aquí, anclando a los estudiantes en ritmos de oración, estudio y vida comunitaria que resisten la superficialidad de la cultura de la información. La mentoría y el discernimiento comunitario son igualmente esenciales, ofreciendo el tipo de encuentros formativos que ningún algoritmo puede replicar. Los estudiantes necesitan mentores que no solo guíen su pensamiento, sino que también les den ejemplo de vidas de integridad, humildad e imaginación teológica.

Los seminarios que adoptan la formación continua, en todos los niveles, estarán mejor preparados para preparar a los estudiantes para una vida de liderazgo en un mundo cambiante. Reconocerán que la formación no es un producto final al graduarse, sino un proceso que se desarrolla a lo largo de décadas de ministerio, esfuerzo, aprendizaje y escucha. En estas comunidades, la IA se convierte en una herramienta para el crecimiento continuo, no en un atajo hacia resultados inmediatos. La institución deja de ser un lugar de entrega estática de contenido y se convierte en una comunidad dinámica de aprendizaje fiel, moldeada por el Espíritu y atenta al mundo.

Construyendo comunidades de discernimiento e innovación

El futuro de la enseñanza teológica en un mundo de IA no estará determinado únicamente por las herramientas tecnológicas, sino por las comunidades que las utilizan y cómo deciden usarlas. A medida que los seminarios e instituciones teológicas se adentran en este terreno en constante evolución, deben priorizar la creación de comunidades caracterizadas por el discernimiento y la innovación. Estos no son valores opuestos, sino virtudes complementarias necesarias para una participación fiel en un mundo en rápida transformación. El discernimiento garantiza que la educación teológica se mantenga arraigada en la sabiduría de la tradición cristiana, mientras que la innovación la mantiene receptiva a los nuevos desafíos y oportunidades. Juntos, forman la base de una pedagogía atemporal y actual.

El discernimiento comienza con el reconocimiento de que no todos los avances tecnológicos son inherentemente buenos o apropiados para la formación. Las comunidades de discernimiento están dispuestas a plantear preguntas difíciles sobre qué herramientas se utilizan, por qué se utilizan y qué producen en los estudiantes. Estas preguntas van más allá de la funcionalidad y abarcan cuestiones de teología, ética y salud espiritual. Por ejemplo, ¿el uso de la IA en la preparación de sermones fomenta la dependencia de herramientas externas o potencia la imaginación exegética y homilética del estudiante? ¿La retroalimentación automatizada profundiza el aprendizaje o atenúa los matices del discernimiento pastoral? Para discernir estas tensiones, la comunidad debe inspirarse en la Escritura, la tradición eclesial, la sabiduría comunitaria y la oración.

Este discernimiento, sin embargo, no debe resultar en estancamiento. Una institución teológica que simplemente se resiste al cambio se vuelve frágil y se desconecta del mundo al que busca servir. Se requiere innovación, no por la novedad, sino para responder a las necesidades reales con creatividad y fe. Las comunidades de innovación cultivan la apertura a la experimentación: probando nuevos modelos de aprendizaje híbrido, incorporando herramientas basadas en IA con responsabilidad y diseñando cursos que integran la profundidad teológica con la fluidez tecnológica. Dicha innovación debe ser misional, no impulsada por el mercado, centrada en preparar a los estudiantes para las realidades del ministerio contemporáneo en lugar de perseguir las tendencias académicas o el atractivo del consumidor.

Para construir estas comunidades, la cultura institucional es fundamental. Es necesario invitar al profesorado, la administración, el alumnado y el personal a una reflexión compartida sobre la tecnología y la pedagogía. Esto incluye estructuras formales como talleres para el profesorado y revisiones curriculares, pero también espacios informales para la conversación, la retroalimentación y la indagación colaborativa. Las políticas en torno al uso de la IA deben surgir no de una imposición vertical, sino de compromisos teológicos compartidos y un consenso ético. De esta manera, los seminarios sirven de modelo para que los estudiantes tomen decisiones inteligentes y basadas en la comunidad sobre la tecnología en sus futuros ministerios.

Estas comunidades también son comunidades espirituales. Se reúnen no solo para analizar tendencias, sino también para adorar, orar y escuchar la voz del Espíritu en medio del ruido de la aceleración digital. Reconocen que la innovación sin fundamento espiritual conduce a la desintegración, y que el discernimiento sin acción valiente conduce a la inercia basada en el miedo. Arraigadas en Cristo y animadas por el Espíritu, se convierten en espacios donde se nutre la imaginación teológica y donde se acoge el futuro no con ansiedad, sino con esperanza.

En estas comunidades, a los estudiantes no solo se les enseña teología, sino que se forman como teólogos. Aprenden a desenvolverse en un mundo de IA no como consumidores pasivos ni como resistentes ansiosos, sino como líderes sabios y pastores perspicaces. Y se gradúan no solo con herramientas en la mano, sino con corazones sintonizados con el llamado más profundo de Dios en un mundo cambiante.

Conclusión

El futuro de la enseñanza teológica en un mundo de IA no estará determinado por las máquinas, sino por las decisiones que tomemos como educadores, estudiantes y comunidades de fe. La tecnología seguirá evolucionando, y con ella, las posibilidades de aprendizaje, conexión y formación. Pero las preguntas fundamentales siguen siendo las mismas: ¿En quiénes nos estamos convirtiendo? ¿Qué tipo de líderes estamos formando? ¿Cómo podemos permanecer fieles al evangelio en un mundo moldeado por algoritmos y automatización?

Los seminarios que prosperarán en este futuro serán aquellos que se aferren a sus convicciones teológicas, a la vez que se adentren en la era digital con valentía y creatividad. Resistirán tanto la nostalgia como la novedad, y en su lugar, encarnarán una pedagogía arraigada en Cristo, atenta al Espíritu y receptiva a las necesidades de la Iglesia y del mundo. En estas comunidades, la IA no reemplazará la enseñanza teológica, sino que la servirá. Y la educación teológica seguirá siendo un espacio donde se busca la sabiduría, se forman las almas y se prepara a la próxima generación de líderes para servir con claridad, compasión y convicción.

Conclusión
Formando líderes fieles para una iglesia integrada con IA

La educación teológica está entrando en una nueva era, marcada no solo por el cambio eclesial y cultural, sino también por el auge de la inteligencia artificial y su rápida influencia en nuestra forma de pensar, aprender, comunicarnos y ministrar. Lo que antes era una novedad ahora es una presencia cotidiana: las herramientas de IA que ayudan con la escritura, la traducción, la investigación, la retroalimentación e incluso la simulación pastoral han comenzado a transformar las aulas de seminario. Para los educadores comprometidos con la formación de líderes cristianos sabios y fieles, este cambio presenta tanto oportunidades como peligros.

A lo largo de este libro, hemos explorado el potencial de la IA para facilitar la instrucción teológica en todo el espectro de la Taxonomía de Bloom, ayudando a los estudiantes a recordar términos clave, comprender doctrinas, aplicar la teología en contextos pastorales, analizar textos complejos, evaluar afirmaciones teológicas y crear nuevas expresiones de testimonio cristiano. También hemos reflexionado sobre cómo podría utilizarse la IA en proyectos de fin de carrera, formación espiritual, aulas híbridas e incluso estudios de casos teológicos, siempre con el objetivo de contribuir a la vocación más profunda de la formación, no de reemplazarla.

Pero junto con la posibilidad, también existe el riesgo. Hemos mencionado los peligros del plagio, la pereza epistémica, la superficialidad teológica y la desconexión con la comunidad. Hemos considerado cómo la excesiva dependencia de la inteligencia artificial puede comprometer la labor formadora de la educación teológica, una labor que exige lentitud, relación, esfuerzo y oración. Hemos argumentado que, si bien la IA puede ser una herramienta poderosa, nunca debe considerarse una autoridad teológica ni un sustituto del discernimiento humano.

¿Cuál es entonces el llamado del educador teológico en este mundo emergente?

Primero, resistir el miedo y abrazar la sabiduría. Las nuevas tecnologías no deben rechazarse de plano ni aceptarse acríticamente. El discernimiento —no la novedad ni la nostalgia— debe guiar nuestro uso de la IA en los seminarios. Esto implica cultivar comunidades de reflexión, invitar a los estudiantes a conversar sobre la autoría, la verdad y la formación, y crear entornos de aprendizaje donde se eleve la comprensión humana, no se externalice.

También implica recuperar una sólida imaginación teológica. Enseñar en la era de la IA requiere más que habilidades técnicas; requiere una visión renovada de lo que significa enseñar teológicamente. El aula no es solo un lugar para la transmisión de información, sino un espacio de encuentro, donde los estudiantes se encuentran no solo con nuevas ideas, sino también con el Dios vivo. La IA puede contribuir a esta labor, pero solo bajo la guía de educadores que ejemplifiquen la humildad, la curiosidad y el amor tanto por sus estudiantes como por la Iglesia.

Y, finalmente, debemos recordar la esencia de nuestra vocación: formar personas capaces de pensar teológicamente, liderar pastoralmente y vivir con fidelidad. La IA seguirá creciendo en capacidad, pero no puede orar. No puede amar a una congregación. No puede comprender las Escrituras en las vigilias nocturnas ni discernir el susurro del Espíritu en el caos del ministerio. Esa es la labor de personas moldeadas por la gracia, arraigadas en la tradición y llamadas por Dios.

Al mirar hacia el futuro, que enseñemos no solo con excelencia, sino también con reverencia. Que administremos las nuevas tecnologías sin renunciar a nuestros valores más profundos. Y que enviemos graduados que no solo sean competentes en un mundo digital, sino valientes y moldeados por Cristo, listos para servir a una Iglesia que se renueva por el Espíritu en cada generación, incluida esta.

Apéndice A
Lista de verificación de la taxonomía de Bloom para cursos de teología

Esta lista de verificación está diseñada para ayudar al personal docente a garantizar que los cursos teológicos involucren a los estudiantes en todos los niveles de la Taxonomía de Bloom, desde el conocimiento fundamental hasta la expresión teológica creativa.

Recordando
☐ ¿Se les pide a los estudiantes que recuerden términos teológicos, fechas, Escrituras o conceptos clave?

☐ ¿Las evaluaciones incluyen oportunidades para memorizar y repasar?

☐ ¿ Ha proporcionado recursos (por ejemplo, tarjetas didácticas, líneas de tiempo, cuestionarios generados por IA) para apoyar el recuerdo?

Comprensión
☐ ¿Los estudiantes explican los conceptos teológicos con sus propias palabras?

☐ ¿Están interpretando la Escritura, la tradición o la doctrina de manera significativa?

☐ ¿Se utilizan mapas conceptuales o resúmenes de IA para aclarar ideas?

Aplicando
☐ ¿Se invita a los estudiantes a aplicar la teología a escenarios ministeriales del mundo real?

☐ ¿Ha incluido simulaciones, estudios de casos o juegos de roles (mejorados por IA o de otro tipo)?

☐ ¿Las tareas conectan la doctrina con la práctica?

Analizando

☐ ¿Están los estudiantes comparando puntos de vista teológicos o interpretaciones bíblicas?

☐ ¿Identifican supuestos, estructuras lógicas y relaciones?

☐ ¿Existen herramientas disponibles para mapear argumentos o contrastar sistemas teológicos?

Evaluando

☐ ¿Los estudiantes emiten juicios teológicos o éticos informados?

☐ ¿Están evaluando críticamente argumentos, sermones o tradiciones?

☐ ¿Ha creado un espacio para el debate razonado y la reflexión?

Creando

☐ ¿Los estudiantes están produciendo trabajos originales: sermones, reflexiones, liturgias o marcos teológicos?

☐ ¿Las tareas fomentan la síntesis del aprendizaje entre disciplinas?

☐ ¿Existe algún proyecto final o de culminación que invite a la innovación?

Apéndice B
Lista anotada de herramientas de IA para educadores de seminarios

Esta lista anotada describe una variedad de herramientas de IA que pueden respaldar la enseñanza, el aprendizaje y la administración en la educación teológica.

ChatGPT / Claude / Géminis
Úselo para redacción de borradores, generación de ideas, modelado lingüístico y diálogo teológico. Ideal para tutorías estudiantiles, generación de propuestas o redacción de sermones (con precaución).

Quizlet / Brainscape (mejorado con IA)
Crea o genera tarjetas didácticas para idiomas bíblicos, términos teológicos o personajes históricos. Útil para repasar y preparar exámenes.

Perplejidad.ai
Un asistente de investigación que ofrece respuestas fundamentadas en fuentes y fomenta una indagación más profunda. Ideal para la exploración teológica comparativa o la investigación guiada.

Scite / Elicit
Herramientas de investigación con IA que localizan y resumen fuentes académicas. Útiles para que los estudiantes escriban trabajos académicos o evalúen perspectivas académicas.

Curipod / Canva Magic / Genially

Herramientas de presentación y planificación de clases con funciones de IA generativa. Compatible con la preparación de clases y recursos de aprendizaje visual.

Diffit / MagicSchool.ai

Herramientas para adaptar el contenido a distintos niveles de dificultad o generar materiales didácticos. Eficaces para la instrucción diferenciada en aulas con preparación mixta.

Otter.ai / Fireflies

Herramientas de transcripción y resumen de IA útiles para grabar y revisar debates en clase o reuniones de profesores.

Semantic Scholar / ResearchRabbit

Bases de datos académicas asistidas por IA para la investigación en estudios teológicos y bíblicos. Anima a los estudiantes a rastrear conversaciones interdisciplinarias.

Apéndice C
Ejemplos de programas de cursos con integración de IA

A continuación se presenta un ejemplo condensado de cómo la IA podría integrarse en el programa de un curso de teología.

Título del curso: Introducción a la teología sistemática
Instructora: Dra. Jane Doe

Resultados del aprendizaje:
- Comprender y articular doctrinas claves de la fe cristiana.
- Analizar argumentos teológicos utilizando fuentes clásicas y contemporáneas.
- Aplicar conocimientos teológicos a los contextos ministeriales.

Actividades integradas con IA:
Semana 2: Utilice ChatGPT para resumir el Credo de Nicea y comparar interpretaciones entre denominaciones.
Semana 4: Entregar un esquema generado por IA de un argumento teológico (los estudiantes deben anotarlo y criticarlo).
Semana 6: Representa un debate doctrinal utilizando un perfil de personaje generado por IA (por ejemplo, Anselmo o Barth).
Semana 9: Utilice herramientas de búsqueda semántica para encontrar y evaluar dos fuentes académicas sobre teorías de la expiación.

Proyecto final: Los estudiantes pueden usar IA para generar un esquema de sermón o una comparación doctrinal, pero deben documentar todo uso de IA y reflexionar sobre la integridad teológica.

Nota de política: Los estudiantes deben revelar todo uso de herramientas de IA en tareas escritas y adherirse a las pautas de integridad académica.

Apéndice D
Banco de sugerencias de IA para contextos teológicos

Los educadores o estudiantes pueden utilizar estos ejemplos de indicaciones para una interacción teológica productiva con herramientas de IA.

Para estudios bíblicos
"Resumir los temas del Evangelio de Juan en forma de párrafo".
"Compare la teología del pacto en Génesis 12 y Gálatas 3".

Para la teología sistemática
"Generar una lista de términos teológicos clave utilizados en la teología trinitaria y definirlos".
"Compare las visiones de Calvino y Wesley sobre la santificación en formato de esquema".

Para la historia de la Iglesia
"Crear un diálogo entre Martín Lutero y John Henry Newman sobre la autoridad y la tradición".
"Resumir los resultados teológicos del Concilio de Calcedonia".

Para la teología práctica
Simular una sesión de asesoramiento pastoral con un feligrés que sufre agotamiento.
"Redactar una reflexión sobre la ética ministerial en un contexto urbano con crítica de IA generativa".

Para la formación espiritual
"Escribe una oración guiada basada en el Salmo 51, adecuada para un servicio de capilla del seminario".
"Ofrecer una práctica espiritual de atención arraigada en la tradición ignaciana".

Apéndice E
Plan de desarrollo del profesorado para la implementación de la IA

Este plan de muestra ofrece una estructura para ayudar al personal docente del seminario a interactuar con la IA de manera ética y eficaz.

Fase 1: Orientación y encuadre teológico
- Organizar un coloquio de profesores sobre "La ética y la promesa de la IA en la pedagogía cristiana".
- Asignar lecturas que aborden la teología de la tecnología, la agencia humana y el discernimiento.

Fase 2: Desarrollo de habilidades y experimentación
- Ofrecer talleres sobre el uso de herramientas de IA (ChatGPT, Otter.ai, Elicit) para la investigación y la docencia.
- Incentive al personal docente a revisar un programa de estudios para integrar actividades respaldadas por IA.

Fase 3: Pilotaje y retroalimentación entre pares
- Crear comunidades de aprendizaje para profesores para compartir programas de estudio y experiencias en el aula.
- Implementar módulos piloto con inteligencia artificial integrada en algunos cursos; recopilar comentarios de los estudiantes y reflexionar juntos.

Fase 4: Institucionalización y desarrollo de políticas
- Desarrollar una política de uso de IA para todo el Seminario con aportes de profesores, estudiantes y administradores.
- Incluir capacitación en ética de la IA en la orientación de nuevos profesores y en seminarios pedagógicos continuos.

Fase 5: Reflexión y revisión
- Revisar periódicamente el uso de la IA desde una perspectiva teológica y pedagógica.
- Apoye años sabáticos, proyectos de escritura o presentaciones en conferencias sobre educación teológica e IA.

www.ingramcontent.com/pod-product-compliance
Lightning Source LLC
LaVergne TN
LVHW022322080426
835508LV00041B/1977